AF351234

SI NO ME LLAMARA FERNANDO

FERNANDO VALERIO-HOLGUÍN

MACHETE & COLÍN

GC
MANUEL
EDITOR

SI NO ME LLAMARA

FERNANDO

FERNANDO VALERIO-HOLGUÍN

¿Quién saldrá ganando?
¿Quién saldrá perdiendo?
¿Quién se asomará a la ventana?
¿Quién pronunciará primero
su nombre?

Paul Celan

TRÁNSITO PERMANENTE DE LA PALABRA

Selfies a los sesenta y dos, medio paranoico y herido de tiempo

> *Cumplir años es una vaina bien.*
> Un amigo

Advertencia al lector: Este es un poema, no vaya a ser cosa que la prima Rolena crea que es verdad todo lo que aquí dice el Yo poético, que no soy yo, sino otro.

Como el asesino,
Siempre vuelvo a la escena del amor:
Santo Domingo, Madrid, Roma, Buenos Aires o Atenas,
Ciudades en las que amé sin ser amado
Y creí ser feliz,
Donde tantos *selfies* nos tomamos
Ajustando la varilla del celular,
Sonriendo Yo,
Como si tuviera la sonrisa anestesiada
Y tú, con esa boquita de culito de pollo.
Siempre en los demasiados *selfies*

Contra el Parque Colón, el Coliseo Romano,
La Cibees, el Partenón o la Casa Rosada,
Telones de fondo que acaso no sirven
Sino para alejarnos
Un poco la muerte,
En la efímera eternidad del *click,*
Y acercarnos a un resquicio de vida

(No dejen que la prima Rolena lea esto,
Que a lo mejor Cree que aún no he regresado,
Y en verdad nunca regreso del todo).

Huérfano, asesino fugaz,
En los *selfies* soy
Casa en ruinas
Poema llovido;
Soy viernes o domingo
Golondrina que no hace verano
Animal que no reconoce
Su humanidad
En los espejos soy.

Huérfano de hijo
Y asesino de padre
En la prosa o el verso,
¿Para qué necesito dinero
Si me estoy muriendo de amor
—La prima Rolena dirá que soy romántico—
Y desde entonces duermo
Con *selfies* y espejos
Que me habitan,
Selfies de espejos
En los que finges amarme
Espejos en los que pago
Para verte alzar el vuelo con tus alas de cristal,
En los que pago para ser feliz
A mi manera y sin condiciones.

Sexteando en los espejos
Con Liz,
Chapiadora babilónica
Mami, Could you please
Send me a naughty selfie
On WhatsApp?
¿Podrías enviarme un *selfie*
De tu axila dorada
Y tu culito adorado
Por *WhatsApp, please,*
Enviarme emoticones
De boquitas pintadas
Boquitas derramando semen digital
De hogueras encendidas
Y albaricoques y berenjenas
Copulando en la pantalla?

Y si al reverso de la foto,
Desnuda en los espejos,
No soy sino
Marioneta del deseo,
Mojiganga de Dios,
Payaso del destino,
Y si pago en especias por un poco de ternura
—Es una vaina bien, dirá mi amigo—,
Si les envío poemas eróticos
A cambio de fotos desnudas
A mujeres de la vida fácil,
De la vida alegre,
Es porque soy un hombre difícil,
De la vida triste.

Hoy que he despertado
Sin dolor y temprano.
Me he hecho
Un *selfie* en pelotas,
Masturbándome

Frente a tu foto en la pantalla,
En tránsito permanente
Hacia tu mirada
Medio oculta en el espejo
Al otro lado de un deseo
Sin amor
De una imagen
Sin deseo.

A los *selfies* en serie,
Tantas veces,
Regresa
La caricia en la mejilla,
Como si me amaras,
Tantas veces,
Como si me quisieras
Tu breve beso ajeno
En mi boca.
En otros *selfies*,
Mi brazo en tu cintura,
Tu brazo en mi hombro,
Como si fueras mía:
Encuadre en picado
Desde lo alto
De esa fingida,
Precaria felicidad.
Como si me amaras,
En los *selfies*
Sólo quisiera
Regresar a casa
Y vivir contigo, Liz
En la oscuridad
Cada noche
Durante el resto de mi vida.
—Greg Brown dirá
Que plagio sus versos—.

Huérfano de mí mismo,
Huérfano del niño que no me reconoce
En los *selfies*
Y camina descalzo
Por las calles de La Vega
Y nunca dijo nada
Pero siempre supo
Que tres hombres de niebla
Terminarían
Asesinándome con navajas de luz
Al doblar la esquina
De una ciudad cualquiera.

Sólo cambia
El telón de fondo
En los *selfies*
Santo Domingo, Madrid, Roma, Buenos Aires o Atenas.
Quedan los tantos huérfanos tristes,
Las miradas de preterida felicidad quedan,
Y el simulacro de vida
Que inexorable
Deriva en su propia muerte.

(Advertencia final: No le vayan a mostrar este poema a la prima Rolena, para que no ande diciendo por ahí que me creo mejor que todo el mundo, que estoy paranoico, que soy depresivo y que me voy a suicidar. La pobre, también huérfana, pero de entendimiento).
Coda en mi autodefensa:

Si me creyera mejor que todo el mundo, jamás habría dicho que nací en el Hospital de Pobres La Humanitaria, en La Vega, no andaría por ahí en pantalones cortos y chancletas, como un niño que pasea su abandono y desamparo, no afirmaría que los cuentos de Cortázar son perfectos y que Vallejo, a quien aún lloro y releo, es el mejor de los poetas. Yo—sólo me creo mejor que los peores.

Depresivo no soy —acaso un poco triste— sino pregúntenle a mi siquiatra. Lo de paranoico nunca lo he dudado. Soy una voz habitada por otras voces: la voz de contralto de mi madre, en una remota melodía de infancia; la voz de niebla en el valle, a veces escucho, y otra voz que es de llanto y viene de muy lejos; también escucho la voz de la novia flaquita que se miraba los senos en el espejo para pensar en mí—me dijo un día; la voz de barítono-tenor del mar; y son tantas las voces —en un coro de Verdi, un aria de Mozart, y hasta a Dios impostando su voz en una cantata de Bach he llegado a escuchar—. Las voces que pueblan mis versos suicidas son también silencio y olvido.

El suicidio no es una opción para los cobardes.
Yo
                    Soy un cobarde.

¿Cómo habré de construir mi casa
Con dos palabras o tres
        Y una lágrima yerta!

¿Dónde habré de construir mi casa
                Con tan solo una puerta
Una ventana al mar
Y una deshilachada cortina
        Por velamen!

¿Cómo habré de construir mi casa,
Sin tu pubis que huele a un vino añejo
                Sin el pavor de tu boca sativa
Tan cercana a la muerte
        Bajo una luna de casabe
Asediado por la jauría insomne
Que ladra sin cantar
Endechas atonales
Y en el dolor de la piedra

Y en el siroco rojizo de la noche
Y en la pátina del olvido,
Habré de levantar cuatro paredes?

¡Ven, amor mío,
Zarpemos
        A la casa deshecha en el aire marino
En el tránsito permanente de la palabra fútil
        Que deriva en soledad y hastío!

AUTORRETRATO A LOS SESENTA Y CUATRO
EN TIEMPOS DE CORONAVIRUS

Pixelado
         Remoto
En seis recuadros de *Zoom*
(*Zoom zoom, zoom zoom* de la calavera
Al que se duerma le doy una pera).

Enmudecido el micrófono
Frente a doce retratos
También pixelados de *Zoom*
Que me felicitan por mi cumpleaños
Con las lágrimas artificiales de una sentida alegría.

Vulnerado
         Por un tiempo que es esperanza o recuerdo
Tiempo sin lugar que jamás volverá a ser mío.

(Si vinieras, mi Rosa gitana, a salvarme
Y zarpáramos a alta mar
         En la balandra tatuada en tu axila

Y en el alto azul de alta mar todo fuera agua, cielo y tú
Si recaláramos en el puerto celeste de Chefchaouen
Y en el día azul *majorelle* de Chefchaouen
Contempláramos el gato azabache
Como una mancha indeleble
Desde un balcón
En Chefchaouen).

(*Zoom zoom, zoom zoom* de la calavera...)

¿Y la peste?
Invisible en las calles de septiembre.
¿Y septiembre?
Una masacre en las calles de Santiago.
¿Y septiembre?
Un genocidio en la torre de naipes.
¿Y mi regalo de cumpleaños?
Cinco negros linchados en Texas.
¿Y el pan?
Sin boca en las calles.
¿Y la sal?
No hay lugar. Sólo círculos concéntricos.

(¿Por qué tenías que parirme, madre, un día 11 en septiembre, huracanado, nefasto y crepuscular, en un país donde ya ni siquiera recuerdo quién soy? ¿Por qué no pude haber nacido otro día, otro mes, en la primera estación del año, en un país menos brutal, un pueblo menos triste, rodeado de gatos barcinos, pero siempre arrebolado en la leche de tu galaxia! La Vega es mi destino y septiembre, mi condena).

(*Zoom zoom, zoom zoom* de la calavera...)

Lejano
      Cuadriculado en la bruma digital
Vistiendo un traje demasiado estrecho
En la pantalla de la computadora

Ahora que sólo escribo módulos de desconsuelo
E inconmensurables objetivos
¿En qué módulo cabrá mi rabia?
¿Cuáles serán mis objetivos espirituales?
Si al final, no seré capaz de:
1. Identificar la felicidad
2. Hacer una lista de arrepentimientos
3. Definir el color del desamparo
4. Explicar el crepúsculo

(*Zoom zoom, zoom zoom* de la calavera...)

(¡Y tú, Rosa gitana, esfuminada
                              inverosímil
Tú que te alejas
Con un gesto de tu boca en la pantalla
Y me dejas
En *Zoom*, herido
Con tantas lágrimas sin certeza!)

No hay lugar,
Sólo tiempo que es esperanza o recuerdo
— Ya lo he dicho —
Para Martinejo, como yo, un hombre viejo.
Queda una desesperanzada esperanza
Y una patria definitiva sin poesía
Sin septiembre ni árboles
                    Que me reclama
Como un relincho sin madre en la noche.

(*Zoom zoom, zoom zoom* de la calavera
Al que se duerma le doy una pera).

Autorretrato a los sesenta y cinco con Brissa Otxoa en Elara

I

Despunta el día en Elara
      Entre tus brazos, Brissa Otxoa.
Despunta el día
Y un flébil bossa nova
      Ronda el aire enrarecido
Del domo de anillos bermejos
      Y azules
En Elara,
Entre tus brazos, Brissa mía,
Más triste que bella,
Se desvanecen
Los fantasmas de humo
      Con apenas un gesto de tu mano.
En la vasta estepa lunar
En Elara,
Despunta el día boreal
      En la llovizna trizada del azul Prusia

De los árboles mustios,
Y en el latido de tu mirada,
          En el espejo
          En el poema
En el perfume, Brissa mía,
En Elara,
Raya el alba
          Gris azul
Arrebolada en tu piel.
Y salvo tú
Todo es real, me digo a mí mismo y repito,
          Como un mantra,
Kos anillos de luz que me aprisionan,
El gesto perenne y dulce
          De tu mano que me llama
En Elara,
Donde soy el cuerpo de tu sombra
          Y crece la culpa
Como retama de luz
Entre tus brazos
          En Elara.
Abrazado a tu cuerpo
          Duele menos la vida, vuelvo y repito
Porque tú, Brissa Otxoa,
          Guerrera y siempre mía,
Te cuelas en mis huesos
Cuando sueño
Acurrucado en tu axila
Herido de luz y feliz,
          O apretado a tu espalda,
Reposando mi cadáver de ayer
Sobre la almohada verde de Van Gogh,
En Elara.

II

Comienza el día

Y cumplo 65 años.
        Una efímera eternidad a tu lado, Brissa Otxoa,
Más bella que triste
Y por primera vez, no tengo miedo
En Elara,
Donde sólo deseo
        Volver a la mañana de tus días,
Donde tú, dulce y perenne,
Arrebozada en un chal naranja,
Más mía que otra,
        Sombra, extravío,
Septiembre, cielo,
Eres libre
        Porque te amo
En el umbral de la pupila septembrina
        Que me espera con su mirada de amor,
Y sé que un solo gesto tuyo
        Bastará para salvarme
De los tantos
        Fantasmas de humo
Y flores marchitas
En el albor de Elara,
        Que huele a pólvora,
Donde te pienso
        Y estás y no estás,
Donde estás o no estás,
Donde estás y te pienso
O no estás,
Y los peces del olvido
Resbalan hacia el sueño
En Elara,
Donde las flores digitales iluminan
El domo rosado
Bajo el gris crepuscular de la luna
En Elara,
Donde las alas de los murciélagos

Baten un aire triste
— y no estoy triste —
Porque para amarte, sospecho,
Se necesitan cuatro corazones
        Y tantas manos
Que puedan repetir, incesante,
La mirada
        En tu cuerpo,
Donde yo
Domador de palabras
Me enfrento solo
        A la zozobra de la muerte
Un 11 de septiembre
En Elara.
Bajo tu cuerpo, Brissa Otxoa
En Elara, Elara,
        Repito como un mantra,
Donde tú,
Estroboscópica muerte de naipes
        Estás y no estás,
El brazo extendido por encima de la cabeza
Mientras duermes
        Y mi corazón te ausculta,
Mis ojos te acarician,
Y amo tu axila, me digo,
Y entonces,
Disparo anti-poemas
        Que me llevan a ti
Porque lo que eres tú, Brissa mía
        Habitas la palabra
Y más allá de las palabras
        El anti-poema de mí,
Donde el día despunta
        Entre tus brazos,
Y soy el cuerpo
        De tu sombra

En Elara.

III

Despunta el día
      En Elara, Varsovia, Santo Domingo
O Denver.
Ya poco importa,
Porque tú, Brissa Otxoa, eres el abismo
Al que se asoman mis ojos,
El abismo
Donde sólo puedo quererte viva o muerta
Pero no viva y muerta.
Viva en las lentas tardes
De los sauces llorando adioses;
Mínimamente muerta
En tu domesticada belleza interplanetaria
De animal lejano
Muerta en el crimen que nunca fue cometido;
Y no lloro
Porque un elarano como yo
No puede darse el lujo de llorar o estar triste.
Viva y muerta
En un patio interior
Sin niños
Ni risas
Que juegan con el polvo lunar
Entre los árboles grises
En Elara.

IV

Despunta el día
En Elara,
Donde yo,

26

        Catatónico
Frente a la copa de vino,
Con mis cuatro corazones
        Abarrotados de soledad,
Yo, mínimamente vivo,
Acurrucado en el precipicio de tu axila,
En Elara,
Donde no queda sino el vino en tu boca
Y todas las horas transcurren al alba
Y todos los días son sábados
En Elara, Elara,
Donde amo a una mujer blanca y a una mujer morena
A una mujer viva y a una mujer muerta,
Donde amo a Brissa Otxoa
En Elara.

Autorretrato a los sesenta y seis
bebiendo vino verde

Es dulce
        Y frutal
Y leve como la tarde de un domingo
        El verde vino de mi júbilo triste
Frente a una caja de fotos en sepia
        Viendo jugar
En el patio a los hijos que no tuvimos,
Mientras espero a la Mujer-Guabina.
        Tan lleno está el silencio de soledad
Que vengo a contar y cantar.

Les cuento que la Mujer-Guabina
Resbala pot la noche
        Hasta mis sueños;
Me acerca el tacto
Y demora el vasto espacio
        Sin tiempo de mi existencia
Y escapa a la niebla

Con sus pequeños ojos tristes.

Eyá Oró,
Devuélveme la vista
        Y la sangre,
Oh depredadora dorada.
A la uva verde y joven
        De la copa, devuélveme,
A las burbujas frescas
En mi garganta.
Les canto
Como a ustedes les cuento,
Pero, tranquilos.
A veces salgo a cazar tortugas
        Y a pasear a mi planta por el parque.
Y sé
— por experiencia les cuento —
Que aunque me ponga a la fuerza
        Las pestañas del sueño
Resbalará a mi noche, la Mujer-Guabina
        A desovar en mi cuerpo.

Oh, noche, préstame tu guabina sagrada,
        Y yo ciego, devuélveme la vista
Y el júbilo.
Les cuento que es suave
        Y fluvial
Mi guabina, mujer de ríos.
Que como regalo de cumpleaños
Quisiera comérmela entera,
            Acompañada de vino verde,
Y sólo dejar el espinazo,
Porque canto que eres
Agua de tiempo
        Y vino verde
En el júbilo triste del domingo,

Y en tu devastadora belleza
        En que se ahogan
Mis branquias cansadas
Para despertar al día
        Sintigo
Y volver la mirada
        A tu noche.
Porque les cuento que esbozar mi autorretrato
        En su retrato
Sería como esfuminar mi vida en la suya
        Y no soy sino
Cuerpo que huye hacia el suyo
Y resbala a la noche,
        Oh, Mujer-Guabina.

MANCHAS DE PLÁTANO EN EL ALMA

ODA AL MANGÚ

Musa,
tataramusa
bolsillo pelao
siempre 'ta guillao.

Johnny Ventura

¿Para qué sirve un poeta
    Si no puede cantarle
Su tataramusa al mangú
En tiempos de coronavirus?
¿Para qué sirve un poeta
    Si no es para mostrarle al mundo
Sus manchas de plátano en el alma?
¿Para qué sirve la poesía
    Sin el milagro de los dedos
    De una mujer
Llevando el delicioso puré de plátano
    A mi desdentada boca
Una clara mañana de infancia

En la terraza del patio,
	Bajo un algodonero
En La Vega?
(¡Ésa es mi madre y su acendrada ternura!)

¿Para qué sirve un poeta
	Si no es para celebrar
El esclavo fufú
	Convertido en récord Guinnes,
Como el mangú más grande del mundo
Del tamaño de la isla,
	En el mismo trayecto del huevo frito,
Con tres islas adyacentes
	De aguacate,
Salami y queso frito,
Como tres golpes en el corazón,
En un mar de sargazos de cebolla,
				Vinagre y aceite verde!
(¡Mi abuela solía rayarle queso picantino encima!)

¿Para qué sirve la vida
	Si mi boca jamás volverá
A recibir el puñadito de mangú,
Metáfora de amor,
	Patria campesina,
Mancha de felicidad en aceite de oliva,
Entre unos dedos que son madre,
	Dedos que son paraíso
Inexorablemente ya perdido?

¿Para qué sirve una madre
	Si no es para regocijarse
En el numeroso racimo de hijos
Sentados a la mesa
	Escuchando *jeivei* los trozos
		En el agua morada?

¿Para qué sirve una patria
        Si no es para que se abra una escuela
Y florezcan cien racimos
En el pueril testículo morado que late
        Como un enorme corazón
En el valle del Cibango?
(Los sucesivos
                Torpes conquistadores españoles
Creyeron llegar al Cibango
Y al no encontrar oro
        Ni especias
Trasplantaron allí
        Un paraíso de musáceas).

Mangú,
        Musa de pobres
Y de poetas *lights*
Que como yo sólo buscan
Cantar el júbilo triste
De los dedos que alguna vez me salvaron
Una clara mañana de infancia.

Oda al manchamanteles

Chiles desvenados y remojados de un
Día para otro, molidos con ajonjolí
Tostado, y frito todo en manteca,
Echarás
El agua necesaria, la gallina,
Rebanadas de plátano, de camote,
Manzana y su sal necesaria.

(Del manuscrito ológrafo de Sor Juana Inés de la Cruz
en un papel amarillento del siglo XVIII, se conserva,
luego de un exhaustivo estudio paleográfico, esta receta).

Me conceptúo formar este poema
Del Libro de Cocina de Sor Juana Inés de la Cruz
Y ¡que locura!
Ver que emigraron de tan lejos
El clavo, la canela y la pimienta
A encontrarse con el dulce chile ancho de Puebla
Con la piña del Paraguay
Y el camote de dudoso origen,

Probablemente escamoteado de contrabando
Desde el Indostán
Con el nombre de batata o boniato,
A encontrarse
En la cintura de América
        Con el ajonjolí africano
Tostado por el sol.
Y como si fuera poco,
        Desde la India
                Neolítica,
La gallina sudada,
        De tan lejos,
Vino a recibir su desposorio
        Con el chile y las especias
Y el plátano maduro.
En el comal
Se tuestan el chile
        Y el ajonjolí recién molido del metate,
Mientras se asan la cebolla
Y el jitomate,
Y a la fiesta polícroma en el nixcoma
Acuden almendras, manzanas y pasas
        —desde el Indostán, pasando por la India
Turquía, Grecia, Roma y España—
        Para que todos los sabores
Y olores del mundo
Eleven en su cántico
        La armonía novohispana.
En el hervor
Bailemos al ritmo
        De la madera, el caracol, la vihuela,
        La guitarra, el guitarrón,
                El corrido de El Tenexate poblano
Y agréguesele la alegría de la cánora canela,
        Donde ya el dulce chile ancho reina
Y el clavo perenne girofle danza

Junto a la pimienta verde roja amarilla blanca o negra,
        Mignonette del baile que enantes desdeñó
                Al chile ancho,
Corazón de Puebla.

Y si al levantar la torpe cuchara
En el blanco mantel salpicado
        Del rojizo
                Mole indeleble
Queda la mácula del dulce pecado original, Filis mía,
        El recuerdo de tus pechos
Más dulces y fragantes que el chile corazón,
Y si en Nueva España, que es maravilla
        "¡Donde cuelgan los postres de los árboles!
Y los llaman mameyes, mangos, chicozapotes y anonas
nuricatas",
Me conceptúo formar este poema,
Es porque una monja llamada Sor Juana
Cocinó para poder pensar
Un rico manchamanteles,
        Polifonía de sabores,
Bajorrelieve de especias,
        Claroscuro del placer
En que tus blancos muslos, acuérdome, Filis mía,
Prefiguran esa imposible
                Amorosa gastrosofía de tu cuerpo.

PUEDE SER UNA SALVACIÓN

Primera copa

Cuando el viernes gira
        Alrededor del callado rubí
Bajo un cono de luz
Y la danza gira
        Casi un vals de caballitos de tiovivo
("¡Mi amor, ¿estás despierta?")
Y es de noche en el poema
Y tu cuerpo entregado al ensueño
        Gira también
Alrededor de un viernes de febrero.

Cuando el poema gira
        En la ventisca frente a una ventana
("¿Estás despierta, mi amor?")
Porque nieva en el poema
        Y en mi vida también
Cuando lo peor es que no sé

Si aún estás dormida con los ojos abiertos
Y gira el poema
		Y giran el sueño y el ópalo en la copa
Alrededor de un triángulo asesino
Y vuelve a girar el carrusel
		En la danza eslavónica
Dvorak, sin dudas,
Y es viernes.

Segunda copa

Cuando gira el viernes
		Alrededor de la danza de rostros asesinos
Y el vino que bebo amargo
		Sobre el arco voltaico
Entre tu cuerpo y mi palabra
Y vuelve al verso
		En la lenta, desesperanzada danza
Eslavónica,
Y es viernes en la noche
		—sin dudas—
Porque, si no, ¿cómo no habría pensado
En mi Rosa gitana
		De pétalos dormidos
Dando vueltas alrededor de mi insomnio
		Un viernes?

Tercera copa

Cuando gira el viernes
		En la retahíla de un vals de palabras
Que danzan arrepentidas
Y una nube sucia
		Gris se desploma
Sobre el arcoíris
		De un viernes de febrero

Cuando danza el viernes sobre las ruinas
        Y gira como una ausencia rota
("¡Mi amor!, ¿estás despierta?")
Y el rostro tuyo muerto de anoche
        Gira en las calles
 Alrededor de la luz solitaria
        Amarilla
Y se repite en la sangre otoñal
De esta copa
        Sin remedio
Como la Rosa de los vientos
Como mi Rosa gitana
Dándome vueltas en la cabeza
        Hoy viernes de febrero en la noche.

SOMOS (BOLERO)

Algo habrá querido decirme tu silencio
Al otro lado del teléfono
Cuando, a través de la lluvia
De la aguja en el vinilo,
Escuché:
Somos un sueño imposible
Que busca la noche.
Luego, colgaste.
Fue la última vez
Que no escuché tu voz.

El sueño a la deriva
        De un sábado
Que resbala
        A tu cuerpo,
Allí donde somos
Dos hojas muertas
Que el viento
Juntó en el verso,

Algo habrá querido decirme tu silencio
Somos dos hojas que el viento
Juntó en el otoño

Y con lágrimas
               De rabia,
Te fuiste en la noche
Sin el beso de despedida.
Somos un sueño imposible
Que busca la noche.

Pero ¿qué importa la herida
Si somos
Un solo cuerpo
        Que amando se muere
Si somos
        Una sola lágrima en el verso?

Y la voz engolada de Lucho Gatica
        Me dice al oído
Lo que acaso tu silencio
        No se atrevió a decirme
Al otro lado del teléfono
En la noche cobarde
        De Santo Domingo:
Nada más eso somos
Nada más.

Asesina sin matar (Bachata)

Asesina, asesina sin matar
Asesina, asesina sin matar

Bachata

Con los años,
  Tantas veces me han matado
Sin tener que morir;
Mil veces apuñalado
  Y aún sigo vivo.

Asesina, asesina sin matar;
Asesina, asesina sin matar.

En el rincón oscuro
De una calle en Málaga
  Fui asesinado a besos
Y no morí.

Asesina, asesina sin matar;
Asesina, asesina sin matar.
En un hotel barato

En Fort Collins, Colorado,
Por cierto,
Una mujer se alzó sobre mi cuerpo
Y empuñando su mirada de ónix,
Me masacró de placer
        Sin piedad,
Y no morí.

Asesina, asesina sin matar;
Asesina, asesina sin matar.

En Zürich,
O no recuerdo si en Londres o Saarbrücken,
        Una mujer mitad furia-mitad querubín,
Me asesinó con dos palabras
        Como dos puñaladas
Repetidas en el corazón,
        Como un mantra: *pas encore!*

Y en un hotel de mi juventud
        Barato también
—No todo es *glamour*—
En la calle Benito González,
Donde una señora
Me entregó la llave del paraíso
Y sonrió al vernos
        Tan jóvenes y muertos de amor y deseo,
Agonicé tantas veces
        Y aún sigo vivo.

(Incómodamente
Me he dejado asesinar
        Con los calcetines puestos
Y la camisa aún sin desabotonar
Antes de lanzarme al vacío desde ti).
Quedan tantos crímenes de mí,
Asesina en serie

—el *modus operandi* es distinto;
El motivo, el mismo,
          Y el arma homicida, tu cuerpo—
Sin dejar evidencias
Queda este hondo silencio de mí
Sin haber muerto.

Asesina, asesina sin matar;
Asesina, asesina sin matar.

El dembow de la chapiadora

Estás/no estás
Giras
      Margarita de luz
Estática
      En el aire.
Hay/no hay
        Dinero
Fortuna en el juego/desdicha en el amor
                    Estroboscópico
De tus días/y mis noches
Flor de audacias/retama de pesadumbre
Girando detenida
        Y lentamente
En mis sueños.
Relámpago de cicatrices
Existes/no existes
      Chapiadora mía.

MENSAJE A UNA CHAPIADORA

No sé por qué
        Te escribo estas líneas, Lisi
Cuando me asomo
        Al abismo de la rayita gris
Y no estás
"Ay, me robaron el celulal, mi amol",
        Me habrás dicho tantas veces,
Y en realidad no sé qué creer,
        Si estás viva,
O te esfumaste
        En una esquina de la Arzobispo Nouel,
O simplemente me bloqueaste,
Me borraste de tu vida
        Con ralea felina digital,
Porque la verdad es que tanto te quise y te quiero,
        A pesar de la disonancia de edad,
Que es como hoy se diría políticamente correcto
        Que soy un viejo de mierda
Y que tu piel es un dulce albaricoque

Y la disonancia gastronómica
        Entre mi arroz navideño,
Que para ti es un moro de pasas
 La disonancia entre mi "música en la que nadie canta""
—la forma más hermosa
Que jamás he escuchado de llamar a la música clásica—
Y tu canino reggaetón
—Se llama música clásica, mi amor—
En verdad,
        No sé por qué te escribo estas líneas
            Cuando sé que jamás
Volverás a decirme:
        "Ay, mi amol, tú sabe…",
Ni volverás a hacer ese mohín
        Con tus hoyuelos en las mejillas
"Ay mi amol, ya tú sabe…",
Ni a recordar mis tantos momentos felices
        Mis tantos regalos en *cretacurrency* y *chapicoins*.
No sé por qué te escribo estas líneas
        Para encontrar el silencio de la rayita gris
Cuando no volverán
Las mañanas del café en la cama
        Cuando te devoraba
Como un caníbal sin horario ni vida ni nada
Sólo carne lírica arrebolada en la lástima
        Que lastima y es dulce
Bajo un cielo azul muy lejano
        Con nubes de algodón
Como en los cielos del Gran Poder de Dios
En Sosua (Sosúa), Puerto Plata.
No sé por qué te escribo estas líneas
        Y no debería
Para decirte acaso
Que me tortura como una sarna el recuerdo
        Y que aquí es primavera
Y los írises color lila

—como los de Van Gogh—
Están floreciendo
"Mi amol, y ¿quién es ese hombre gacho
To' pintarrajeao?"
           Cuando te mostré el autorretrato
Litográfico
           Orgullosamente colgado
En la pared de mi apartamento;
Y mis dedos sigilosos
           Golpean las teclas de mi *laptop*
Para escribirte
Como si quisiera escapar del abismo
De la rayita gris en el mensaje
De *WhatsApp*
Que anula de golpe y porrazo
Tu foto desnuda
           Tu risa y tu sonrisa
Con esa mueca de vida
Como si la felicidad estuviera al doblar de una esquina
De la Arzobispo Nouel
Y sólo bastara escribirte o llamarte
Para que el mundo volviera a ordenarse a mi alrededor
"Mi amol, ábreme. Estoy aquí abajo".
No sé por qué
           Aún te escribo estas líneas.
Será para imaginarme
           Que las palabras son magia
Y que en cualquier momento estarás a mi lado
Como entonces desbloqueada
           Tan cerca y lejana
Haciendo cucharitas bajo las sábanas.
No sé por qué
           Aún te escribo, Lisi.
Será la costumbre del tacto en el teclado
O en tu piel
           Y en la luz tan clara

De los sábados en tu cuerpo
Y el café —ya lo he dicho— y tu sonrisa
Y el pelo aún enredado en tu sueño
En la noche del sueño
        En que murmuras
"Así, mi amol, tú sabe" en tu español capitaleño,
        En tu español de orgasmos.
No sé por qué
        Te escribo estas líneas
Y te me escapas en la noche
Digital y me dejas
Aterido de frío frente al abismo
De la rayita gris
        Que te ha borrado de mi vida.

Reggaepoem

Mi gata sativa
   Permisiva
Adhesiva
   Afectiva
Se arrima a mi noche insomne, callada y oscura.

Mi gata pensativa
     Sativa
       Esquiva,

Se escapa en el aire en que acaricio
las sílabas de su nombre.

(Dame tu popola, Bebé,
Coge tu cualto
Sigue rodando
Y no vemo el malte)
Rodando bajo la lluvia
Porque llueve
     En el reggaetón

En el poema
Y en mi vida también
Y es martes
          Un martes, sin duda
De abril
Y llueve
En Santo Domingo.

Mi gata fototrópica
          Sicotrópica
                    Filantrópica
Perrea
          Amorosa
                    Primorosa
Perrea, mami, perrea
Perreas como si me amaras, como si me desearas
Marcando tu territorio en el aire
          Con tu perfume escandaloso
                              Barato
(Dime una cosa, bebé
¿En qué mundo, qué galaxia, qué universo que no sea el mío
Podrá el dinero comprar
Un polvo
          Sideral
Más rico que este?)

Mejor que la jaraca, el jalao o la cativía
Que te gusta
          En demasía
                    Con porfía
Tu cuerpo y el mío haciendo cucharitas
Bajo las sábanas
Un sábado cualquiera de abril
                    Y llueve, siempre llueve
En el poema, en el reggaetón o en tu cuerpo.

(Mira, Bebé, que graduado con honores
En Najayo-Hombres
Mi güevo da la hora,
Por ti da la hora, bebé, bebé).

Pero, basta ya de poesía
                    Rima y porfía.
Sólo te quiero pedir una cosa,
        Mi Gata sativa,
Antes de que los dólares se disuelvan en saliva,
            Como diría Marx,
Y el amor se convierta en un llanto de viejo chapiao, bebé,
Dime si alguna vez tan sólo me quisiste un chin,
Porque llueve, hace frío y estoy solo, solo, bebé, bebé.

CHEFCHAOUEN CHAOUEN (RAï)

A Mary Vogl y al azul majorelle

Chefchaouen chaouen
Elle est passée a coté de moi.
J'ai dit, noûr, prends,
Tout est pour toi.
Voici le bleu, la mer;
Le noir, le chat,
Le rouge, mon cœur.

Chefchaouen chaouen
Donde el azul
     Majorelle contagia
Casas, techos, paredes
Y calles con gatos color azabache
        En los portales
Donde, Noûr, una muchacha
     Cuasi azul *majorelle*
Se sabe amada en el rostro que asoma
Como una luna llena al *hiyab*
    En la ventana.
Noûr est passée a coté de moi

Chefchaouen chaouen
Donde el olvido está contaminado
          De azul ultramarino,
Y el púrpura de la medina huele a higos
Y el raï grita el color de las mandarinas
Donde noûr viste un estampado de inverosímiles
Rosas verdes
Y la promesa de su mirada
          Oscura de piedra *Khenifra*
Y el lunar sobre la sonrisa apenas esbozada.
Noûr, noûr, voici mon coeur
Prends-le.

Chefchaouen chaouen
          Donde el azul se derrama
          En el naranja, verde y negro de sus colinas
Y un ciego canta
          Bajo un parral.
Noûr, noûr, donne-moi les roses
          Vertes de ton jardin.

          Chefchaouen chaouen
Donde quisiera vivir
          Y amar
Y escribir
          Mi último poemfisema
De sílabas azules, cortas, agitadas.
Noûr, noûr,
Sans le bleu majorelle
Sans le noir ni le vert
Sans toi
Je ne pourrai pas vivre.

Rosa gitana (Rumba flamenca)

Ay, una rosa es una rosa es una rosa
Ay, una rosa es una rosa es una rosa.

Rosa gitana, romaní, egipcia;
                    Rosa
Matutina,
        Más hermosa, acaso,
Que la rosa púrpura del Cairo,
Que la rosa de Alejandría,
Que la rosa azul de Novalis,
Que la rosa del Principito,
Que la rosa de los vientos,
Que la rosa de tierra ,
Que la rosa de Sarón, que el Sabio lloró
        En el cantar de sus cantares y extravíos.

Ay una rosa es una rosa es una rosa.

Rosa sonámbula

Cáliz en que bebo a lentos sorbos
                El rocío, el aire
De tu noche
                Para dormir sin soñar.
Rosa desnuda
                Que conozco en el gemido
Dde sus pétalos más húmedos
                Y en el hechizo
De su corola de carne.

Ay, una rosa es una rosa es una rosa.

Rosa gitana
                Ni blanca ni negra,
Ni china o etíope;
Rosa
                Inaudible
En la boca sativa
Tan cercana al placer
                        Y a mi muerte.

(Entre la rosa y el gato de Schrödinger
—A veces el día nos atrapa en un dilema—
Prefiero a mi Rosa gitana
Ni aquí ni allá
Y en todas partes
Prefiero
Su fragancia
                En la agonía de su orgasmo oscuro).

Ay, una rosa es una rosa es una rosa.

Mi Rosa, mi *Cujuñí,*
Róbame
El alma y sellemos
Un pacto entre tu salvia y mi sangre,
Entre tu boca y mi estambre,
                Entre tu cáliz y mi lengua.

Rosa gitana,
		Deslunada noche
Marchita
En el tristejúbilo
		De mi rabia
Antigua.

Por qué cantáis la rosa, ¡oh poetas!
Deshojémosla en el verso,
		Desnudémosla en sus sílabas
Y aspiremos su dulce aroma marchito;
Acariciemos sus senos
		En el verso ajado;
Recojamos sus suspiros de anoche
Y lamentemos
		No haberla amado lo suficiente.

¡Ah, mi Rosa gitana,
		Rosa sativa,
Embriagada de inmortalidad,
Este poema
Que no leerás
		De seguro te aguarda
En la ventana de un puerto
En Santo Domingo.

Rosa gitana, romaní, egipcia
		Más hermosa que la rosa
¿Cómo consolarte
		Cuando te ahogas en una lágrima
Que se piensa a sí misma!

Ay, una rosa es una rosa es una rosa.

ESPEJOS QUE MAÚLLAN

CANTIGA DEL GATO DE SCHRÖDINGER

En el universo
        Cuántico que me habita,
El gato de Schrödinger está vivo
        Y a la vez está muerto,
Pero sólo puedo tenerlo
        Vivo o muerto.

Bajo la presta caricia de mi mano
        Muere fulminado por un electrón
Y luego resucita
        Ronroneando
Entre mis piernas.

Me ignora y me busca
En los desconcertantes espejos que maúllan
        Su indefectible ubiquidad.

En el universo cuántico
Hace calor   hace frío

La mañana es noche
        Oscura y silente
Y el gato relame su pata,
        Me ama y no me ama
Y siempre está conmigo y sinmigo.
Me sumerjo en el abismo
        De su pupila insondable
Y me contagio
        De amor y muerte,
De vida y odio.

Decoherente
        En tránsito permanente
A la realidad
Que habito y no habito,
Hablo desde un pasado remoto
        Que es también presente.

Detrás de esta única y aparente realidad
        Hay tantos gatos vivos y muertos a la vez
Mujeres que me aman y no me aman;
Hay tantos hombres con mi nombre
        E incluso mi rostro;
Que mueren pensando que están vivos
Y viven como si ya estuvieran muertos.

EL GATO DE DERRIDA

Si no fuera de Derrida,
      El gato
Desnudo en su regazo
      Ajeno a la caricia de su mano
Y a su filosofar sobre el animal que está si(gui)endo,
De seguro, lo habrían deconstruido a palos
En un callejón de El Biar en Argelia.

Gato/Derrida binarismo innecesario
Cuando la escritura es apenas un trazo
Y el gato termina siendo un *animot*
Sin nombre en su regazo
      Sin importarle la puta madre su ensayo
Sobre el gato-que-no-es-él
Sólo su caricia, caricia desnuda
Caricia en el cuello que nunca interroga.

Y lo que se diga a continuación
Sobre el gato

Cambiará la vida del gato para siempre
En su diferida (in)diferencia.

Aunque Borges no lo supo,
En las letras de la palabra gato no está
El gato
Argelino poscolonial
Porque, para el gato,
Derrida tampoco tiene nombre.

Gato sefardita
        Desnudo
Circunciso
        Impúdico
Sin nombre
        El gato de Derrida.

Diferido
Jamás podrá ser el mismo gato
[Diferente]
        Que dije y escribí porque
[C'*est un chat amoureux*] que
        [Amoroso, ausculta la noche]
Sin logos *parce que* [إنها القطة التي يحبها درياد والو
يفهمها]
        [*This is the cat he has been while following him*
Without understanding him]
Porque es un gato argelino y,
Como todo el mundo sabe,
        Los gatos argelinos
No hablan francés.

ÍTACA ES MI DESTINO

PENÉLOPE

Zarpó de mi cuerpo
Una mañana de abril
Fresca, por cierto
"Necesito más espacio",
Sólo dijo y se marchó.

¡El vasto
         Proceloso mar es tuyo, Penélope!
Yo en cambio
Me quedé tejiendo versos
         Que luego le entregaba a la crítica
Para que los destruyeran
Y así volver a escribir otros versos
—Ya ustedes saben la historia—
Para ahuyentar constantemente
         A las chapiadoras babilónicas
         que asediaban mi casa.
¡El mar proceloso y vasto
         Es tuyo, Penélope!

Mía, la casa
        El gato en los geranios
Bebiéndose el sol
A raudales en los ventanales
Mío, el ábaco con que cuento las horas
        El libro sobre el regazo
                El ánfora de vino que escancio en mi boca

¡Ítaca es mi destino
        Tuyo, el ancho mar!
Ítaca es el olivo que crece
        En el patio
El vino que bebo prolijo
        El nenúfar que como
Para olvidarte
Porque omnímodo
        Veinte años esperé
Y ni siquiera unas letras
En la escítala
O un mensaje tatuado en el cráneo
De un mensajero.

¡Tuyo, el dilatado mar!
        Del que regresas cansada
Con la mirada llena de voces
        El pelo muy corto
De muchacho con tetas
        Y cara de niña
Recién envejecida de asombros
En el esplendente ámbar de tus pupilas
Llenas de estrellas aún cansadas
Vencedora de las guerras del tiempo, regresas
Con la rabia secreta contra faunos
        Con pezuñas de soldado.

Yo, en cambio, tuve que taponarme los oídos
        Para no ver el rastro de besos en tu boca

Porque no hubo
En tu vasta travesía
Ninfas, sílfides o sirenas
Entre otras novias del aire
—Calipso y sus pechos de bronce en la isla de Ogigia—
          Que se resistieran a tus requiebros amorosos.
Tuve que taponarme los oídos
Porque olías a otras y a ti misma
Taponarme los oídos
          Para no sentir en tu cuerpo
El vasto
          Proceloso mar
De sirena
          Que habita en tu pecho, Penélope,
¡Más muchacho
               Que bella
Y envejecida niña!

¿Quién me robó
          De tu lecho
La cifra?
-No te enojes conmigo, Penélope. No quisieron
Los dioses
Que mi cuerpo de fauno
                    Amaras-.
Y un llanto muy amargo
          Me ha ido creciendo y lloro
Hasta terminar abrazado
          A tu cuerpo de otras.

¡El vasto
          Proceloso mar es tuyo, Penélope!
Mío, el ovillo de palabras
          Con que tejo estos versos
El gato Áctoris, que mi padre me regaló
          La multitud de ecos

Que atravieso
Para que la soledad
Más honda
No me encuentre desprevenido
        En las noches
Cuando más callado es el romper de olas
En el lecho
Que como un barco
Distante, sin amor
        Compartimos.

Diluvio **2021**

Y Yahvé vio que los hombres estaban
           Teteando sobre la faz de la tierra
Por lo que decidió destruir la ciudad
De la que me has hablado
Y entonces envió un diluvio
           Universal de ponzoñas microscópicas.
La noticia se regó
        Como verdolaga digital en *Twitter*
Facebook, Instagram, WhatsApp, Myfans, Snapchat.

En Tinder, las parejas se apresuraron
Al orgasmo fugaz
En cualquier rincón oscuro
           En la ciudad
Antes de que el Diluvio los borrara
De la faz de la tierra.

El Arca 2021 está a punto de zarpar.
A la entrada

Noé, su esposa, sus hijos Sem, Cam y Jafet, y sus
respectivas mujeres
Reciben a hombres, mujeres, niños y ancianos.
Les dan la más húmeda bienvenida
        A parejas de la comunidad LGBTQ+
A todos, todas y todes las parejas Transgénero,
Transespecie, Transgalácticos
De cada especie, igualmente bienvenidos, bienvenidas y
bienvenides.

Noé, patriarca de luenga barba blanca,
Declara el Día de los Padres de Género Expansivo
Y cortésmente da la más pegajosa acogida
A todos, a todas, a todes, tod@s y a todxs
Kosher o no *kosher* *¡That is the question!*
A poliédricos, poliamorosos y polimorfos
Al hombre y su chiva blanca
A la mujer y su burro impotente
Al toro transgénero
                Y al gato bugato
Al gallo no binario
Al ratón epiceno
Y hasta a un loro cundango, que afirma
            No coge cotorra.
No podían faltar el fetichista y el onanista
            El fetichista con zapato de tacones
Y el onanista y su blanca flor en la mano
El violador y el asesino en serie
La prostituta y el sankipanki.

Noé anota en su libreta:
Bisexual, Asexual, Pansexual, Antrosexual, Demisexual,
Lumbersexual, Metrosexual, Spornosexual.
Hebófilos, pedófilos, bibliófilos e hispanófilos
Se suman a tan transimaginaria taxonomía
Y para colmos

Aparecen los botanófilos
Que en las noches sin luna
Fornican con hoyitos en matas de plátano
                Y afirman que no hay nada comparado
Con la mancha de la musácea cibaeña.

Los zoófilos transespecies dan testimonio
             De que una mujer está bien,
Una burra, mejor, pero que una chiva
                               Es divina.

No podían faltar
El sátiro y su ninfa
El sapiosexual acompañado de una muchacha fea
             Como la palabra sobaco
Pero con el halo de una ecuación matemática
             Como una esfera musical
Nimbando su testa.

Noé googlea, luego, anota:
Andromimetofilia
Ginemimetofilia o ginecomimetofilia.
Los heterosexuales se rebelan ante tal confusión
Y esgrimen el argumento de un *gay virus* o *gay germ*,
en fin,
Una pandemia gay.

Y entonces Yahvé puso un arcoíris en las nubes
Y llovió durante cuarenta noches y cuarenta días
Sobre el ambiguo mar, el mar/la mar
             Y el loro cundango no regresó.

El teteo terminó
Para aquéllos que tuvieron una segunda oportunidad
Sobre la tierra
         Y Noé (él, ello, su, suyo)

Vivió feliz 350 años después del Diluvio
Acompañado de su esposa, una chiva blanca divina
Dos enanos no binarios
        Y un gato cisgénero.
Murió a los 950 años
Poliamoroso y andromimetofílico.

La Bella Xiaohé

A Marcio Veloz Maggiolo, arqueólogo

La bella Xiaohé
     Presumida, acaso coqueta
De largas pestañas
     Bajo el turbante
Rematado en una pluma amarilla
Flor de Xinjiang
     De altos pómulos rosados
Y finos labios de fresa
La Bella Xiaohé.

Atrapado en sus pestañas
El dilatado sueño
De los paseos
     Dominicales con amigas
Por las calles de Loulán
Frente al Palacio Real
Los torneos

La danza
Y el sabor de la miel en los labios
Los hongos secos
El queso *suzme* y su pungente olor a leche agridulce
¿Y por qué no beberse un vaso de *ayran* bien caliente
Como al azar
En la venta de la esquina?

La bella Xiaohé
De rostro mohíno
Pelo rizado que escapa al turbante
Como al descuido
Y cae sobre su rostro
Navega en el proceloso mar de dunas
Y duerme
Ajena, acaso, a la tormenta de arena
Que empuja su barca por la Ruta de la Seda
En el desierto de Tlakamán.

¡Princesa del Desierto!
¡Muchacha de Arena!,
Si el brusco naufragio de la barca
No hubiera interrumpido tu siesta
Efímera de 4,000 años
Aún estarías enterrada
Bajo el palio azul de columnas octagonales
En Xiaohé, Xinjiang.

La Bella Sonámbula

Al borde de la vida
      Que es otro abismo
Al borde de sí misma
Y la noche
La Bella Sonámbula
      Me ama
Y al despertar es otra y la misma
Y vuelve a morir
En el sueño
      En mi cuerpo
Su pequeña muerte oscura.

Al borde del sueño
      Que es también un abismo
Un baño de agua tibia
Un vaso de leche
Una aburrida historia con sátiros y ninfas
Y cuchillos escondidos por doquiera,
Vigilo el sueño agitado

Como quien observa morir
A un animal herido.

(Y vuelvo al poema
        Y al ritual dormido
En que me amas, Eva
A pesar de los sauces inconsolables
        De fondo en la foto
En blanco y negro del sueño
A pesar del lago sereno en tus ojos
A pesar del aire que me bebo a tu lado
        En Basilea, si mal no recuerdo, vuelvo
A pesar de mí mismo
A tu mano en mi hombro
A mi mano en tu talle
Como si sólo bastara decir
"Te quiero con todos mis defectos"
Para que dormida me abraces
En ese tiempo de aire, niebla y felicidad
        Que vivimos en la duermevela.
Y voy de tu sonrisa
        Dormida al agua de espejo
como el pájaro a la fuente
en tránsito permanente
        entre tu alfabeto de aire
y mi vida.)

Al borde de sí misma
        Del sueño diurno
 La Bella Sonámbula
        Se bebe la negra noche
Profunda del rocío
Presumiendo aretes de plumas
        Y botas de flequillos
Y no me queda sino
Amarla

Como mujer
          Ave o venado
O como animal de la noche
          Con plumas y pezuñas
Cuando hacemos el amor, dormida
—Ya lo he dicho—
Y en su laboratorio de sueños
Farfulla cualquier cosa
          En francés
Y al despertar
No es sino
La mujer desorientada y triste
          A quien amo.
Al borde de la nada
Mitad dormida, mitad despierta
          Siempre tuve la sospecha
De que la Bella Sonámbula
          Terminaría quitándose la vida
          Como quien se quita un vestido
O un sueño.
Despierta
          Le faltaba valor para amarme
Y conmigo amar la vida.

TRES VECES INTENTÓ DIBUJARLO

VALLEJO Y PICASSO, EFEMÉRIDES PARALELAS

El 15 de abril de 1938,
Viernes Santo
Como es hoy,
          Moría en París sin aguaceros
César Abraham Vallejo Mendoza,
      A los cuarenta y seis años
(*Le pegaban duro/le daban duro con un palo y duro*),
La misma mañana
En que, después de tomarse un café,
Y fumarse un cigarrillo,
Pablo Diego José Francisco de Paula Juan Nepomuceno
María de los Remedios Cipriano de la Santísima
Trinidad Ruiz y Picasso,
A sus cincuenta y siete años,
Ojeaba una reseña sobre *El Guernica*
          En la página de un diario francés
Mientras recitaba en voz baja
A Vallejo como un mantra:
¡Tanto amor, y no poder nada contra la muerte!

El 15 de abril de 1937,
        Extasiado frente al cuadro
Contemplaba Vallejo por primera vez *El Guernica*
Y anotó en un torpe pedazo
        De papel:
¡Tanto amor, y no poder nada contra la muerte!

El verano de ese mismo año 1938,
Después de un largo
Llanto por la muerte de Vallejo,
Lo pasó Picasso en Mougins
Con Dora Maar,
La de los grandes ojos distantes;
Y tres veces dibujó a Vallejo (en junio)
        Tres veces empuño el carboncillo
Tres veces repitió: *"Tanto amor, tanto amor, tanto amor"*
Tres veces intentó dibujarlo
        Hasta que las palabras se fueron transfigurando
En líneas y en círculos
—El papel encerado resistía—
Y en la zona áurea comenzaba a aparecer
El duro mentón de Vallejo
De la foto junto a Georgette
        El verano de 1929
En Versalles.

"¡A este sí le hago yo un dibujo!", masculló Picasso,
        Y dibujó tres veces al mismo hombre
Al mismo poeta;
Dibujó tres veces la misma foto
Sin Georgette,
        Que a sus diecisiete años
Espiaba las palabras del poeta
        Oculta tras una cortina roja
En la ventana de enfrente
        Mientras le daba puntadas al poema
Que habría de escribir:

"Los hijos que no tuvimos/
Jugarán en un patio en primavera".

Ese verano
Pintó también Picasso
"Naturaleza muerta. Vela, paleta y cabeza de toro roja"
Toro, más humado que asombro
          De ajenos ojos tristes
Toro rojo
          Desangrándose en blanco y negro
Dislocados y ya sin órbita los ojos
En el llanto de Vallejo
Los pinceles apuñalando la paleta, el poema.
(La vela encendida es testigo).

El 15 de abril de 1937,
          También viernes,
Si, como dijera Simónides:
"La pintura es poesía silente"
El Guernica le habló a Vallejo:
          ¡Tanto amor, y no poder nada contra la muerte!
Y el viejo caballo relinchó
                    España, aparta de mí ese cáliz
Y desde entonces
Cabalgaron
          Juntos muy lejos
El alto Perú de Santiago del Chuco
Y su agreste
          Eucalipto y la sal
Mediterránea de Málaga
En la placita de lágrimas
¡Tanto amor, y no poder nada contra la muerte!
La agonía en el caballo y el verso
          Y el amor que escapó a galope tendido.
Vallejo/Picasso
          Vórtice de imagen y palabra

Que convergen en Santiago y Málaga
Vórtice de guadañas pendencieras.

Un día como hoy,
          15 de abril,
Viernes Santo
En que escribo estos versos,
Moría Vallejo
(Murió también mi madre. Y es que a la realidad
Le gustan las simetrías, como dijera Borges).
¡Qué vendaval de guadañas
                          Afiladas
Contra la piedra dura del viento
          Aguarda en el camino!
Picasso moriría también en abril
Pero el octavo día de 1973.
Vallejo prefiguró su final:
¡Tanto amor, y no poder nada contra la muerte!

EL PÉNDULO DE ECO (EN CUATRO ACTOS)

Atto Primo: "Umberto Eco es detenido junto a una puta".

No es la bella *puttana*
      De rostro infantil
Y grandes tetas otoñales
      Que en las calles de Roma
De las películas de Fellini
Bajo los cipreses de cementerio
      Se guarece de una inveterada lluvia de octubre
En la estación de hojas muertas.

No es el empleado de oficina
      Que carcomido por la soledad
Busca una boca que apacigüe
      Su tumescente péndulo bajo el pantalón.

Se trata nada más y nada menos, *Signori e Signore,*
Que del mentadísimo Umberto Eco
Semiólogo italiano

91

Profesor de envergadura
En Milán
        Cuando las calles se vacían
Y la apocalíptica muchacha de chocolate
Y grandes ojos negros
Emigrante del mar de los sargazos
        Esclava de promesas
Matrimonio o trabajo
Esclava de la remesa a la madre
        Para el hijo que dejó
Allá en las islas de azúcar
Esclava que por 50 euros
        Estira y da vueltas
Al péndulo que sabe a un triste *gorgonzola*
        A desamparo y muerte
En su boca.

Atto Segundo: En el *comisariato*:

No hay semiótica que pueda
        Explicar su boca
En la noche
Donde apenas eres,
No Umberto Eco,
Sino un pobre diablos
Borracho,
Prácticamente un don nadie
Bajo el imperio de sus labios de chocolate.

"Una mamada no es interpretable, o te la hacen
O no te la hacen",
Sentenció *il carabiniere*.
Como si Tokischa contestara: *¿Una mamaíta?* *¡Eso no é na!*
Atto terzo: Escena del crimen:

Umberto Eco es detenido junto a una puta
        Y su mirada vuela al teatro de la memoria
En que la muchacha,
        Guerrera de la noche
Y sin patria,
"Temí morir asfixiada", confesó
Con la semental verga atragantada en su garganta
        Con la flácil empuñadura de barro en su mano
—recuerda que es otoño en Roma
        Y un leve remolino de hojas muertas
Se desvanece en la niebla—
La muchacha,
        Frágil guerrera de la noche,
Canturrea su crepuscular melodía
Para beberse su leche negra de otoño;
De rodillas
Con la fe de quien reza un padre nuestro
        A regañadientes.

Post coitum omne animal triste est

("*Es gibt kein verzweifeltes und trauriges Tier mehr
als Mann in der langsamen, süßen Qual eines Blow-Jobs*",
Escribió Nietzsche
[No hay un animal más desamparado y triste
que el hombre en la lenta dulce agonía de una mamada]

Quarto Atto: Historia

Su mirada vuela al teatro de la memoria:
        Lucy, la proto Monika Lewinsky,
Lucy, momia abisinia que dejó rastros de esperma
En el vendaje
Hará apenas tres millones de años
Luego de una mamada australopiteca;

        Monika Lewinsky
Que no fue momificada
        Ni tuvo hijos, sino el aborto de un hombre triste
En su boca y su vestido
Mónica, que no fue víctima de un traficante de blancas
        Ni soñó con construirle una casita a su madre
Mónica Lewinsky, con dólares en las pupilas.

Finale: Falsa noticia

Umberto Eco es detenido junto a una prostituta.
El escándalo y el morbo
Son la prueba más fehaciente
De que la noticia es falsa;
Falsa, también la mamada:
La tierra es plana,
Dios ha muerto,
El coronavirus no existe,
Yo soy Fernando Valerio
Y lo demás es
Digresión o filología.

MICHEL SERRES INTERVENIDO, A PROPÓSITO DEL VALOR

Ni Marx
        Ni Smith o Ricardo
Mucho menos Serres
Podrán explicarme
Tu tiempo-cuerpo, Liz
Y el poema que me lleva hasta ti
        Una vez deshechas las horas
Del sábado en tu boca.

A ver, me explico:
Si escribir un poema me toma seis meses
        —Tiempo-Hombre que agoniza en la palabra—
Y me pagan 200 dólares por publicarlo en una revista
Y te regalo un broche con una salamandra de oro
        Que cuesta 200 dólares
—Es nuestro aniversario, recuerda—
Y la fría salamandra
Resucita en tu pubis de fuego
        Es mía tu salamandra

Y son tuyos mis dólares.
Si te entregas
             En un gesto tan dulce como efímero
Eres y no eres mía
             Y eres también de otros
Y tantos.

Si te regalo el tiempo-poema que escribí
Es tuyo y mío el poema
Y mi ganancia, tu ganancia
(200 dólares de tiempo abstracto).
Mi poema es tu beso
Tengo el poema y tengo tu beso
Tienes, Liz,
—Mujer hecha de tiempo y deseo—
Mi poema, mi beso y mis dólares.

Si tu ausencia es inversamente
             Proporcional al deseo
Abunda, entonces, la poesía
Transfigurada en tu cuerpo
             Y es joven mi poesía
Y el vino, alegre veneno de mis noches.

Indefectiblemente tu boca
             Regresa a otras bocas
 Los dólares se disuelven
             Como diría Marx
En aire o saliva.
Sin embargo, es mío el poema y el placer
De tu cuerpo joven
En el poema
             Son mías las madrugadas del sábado
Junto a tu cuerpo
Bajo las sábanas, en tu cuerpo
Son mías todas las tiempo-cosas

De lo que está hecho el poema
        Y tu cuerpo.
Todas las cosas son mi ganancia.

(Si P / V: 2 jornada de trabajo; 6 meses, trabajo;
2 horas, luego, C/P…)

AL BORDE DE TU CUERPO

Si vinieras

Ah, si vinieras,
Si vinieras tú
Desde muy lejos a buscarme
Al país de la infancia
Donde pido a gritos tu amor.
Si fueras tú
       Y no otra
La muchacha que crece en mis sueños
       Como un rizoma de llanto
Hondo, seco
       En una calle oscura de Málaga.
Si escucharas mi grito sordo
       Que reclama
Tu amor lacerante
Y vinieras a buscarme
Como entonces
Y me perdiera
       Como tantas veces
Para reencontrarme

En el abismo oscuro de tu mirada.

ACTO DE ALGUACIL

Yo, Alguacil de la noche y el rocío
        Certifico y doy fe de que
Tu sonrisa es la sospecha
De una efímera felicidad
        De sinsonte en el aire
Herido que canta
        Al atardecer.
Yo, alguacil ordinario,
        Del Distrito marino
Y celeste
        De Santo Domingo
A los 26 días del mes de septiembre
Notifico
Para que comparezca
Ante el Tribunal de los Sueños
Al inculpado
Al pago de moras
De un amor que no cesa
        Acaso imposible.

Yo, alguacil del Municipio
                    De la Ciudad de los Sargazos
              Donde las gaviotas
Se suicidan al atardecer
Doy fe y constancia de que
El infrascrito
Ha fijado su residencia
En la luminosa
                    Cicatriz otoñal de tu pecho
Donde conspiran
Los fantasmas
Y las lentas madrugadas de septiembre..

Yo, Alguacil de la noche y el sereno rocío
Testifico y doy fe de que
Entre el 26 de septiembre
              Y una primavera cualquiera
El infrascrito ha vivido con la voz impostada
              Cantando la misma despedida
Al reverso del día
       En que te conoció.

Expresamente y en virtud
       De lo anteriormente dicho,
Mediante acto de alguacil,
Afirmo que
El inculpado es sólo
       Una lágrima ahogada en la clepsidra.

Yo, alguacil de la noche marina
Visto todo lo anterior
Me pregunto
       Y aun no entiendo
Cómo se puede amputar
Una vida
Que apenas comienza.

Mis palabras están llenas de ti
        De presagios de ti
De pestañas y lágrimas
Llenas también están
De tu tacto lejano
        De alguna cosa rota
Y del ritmo en tu mirada.

Como soy en la vida
        Soy en la palabra
Y como el gato de Schrödinger
Puedo amarte y no amarte,
Pero no depende de mí
Cuando mis palabras están llenas de ti.

Qué duro
        El tiempo en tus pupilas
El pesado sueño
        Que cuelga de tus pestañas.
En mis palabras

Tan llenas de ti
También muere el silencio.
Antes de que el suspiro
Se ahogue en la palabra.
La palabra
          Ya madruga.

La noche
Invoca la palabra
Y despierta en tus pestañas.

Best-seller

Y, ¿quién dice que de la poesía
      No se vive?
Si he comido asaz
      Y escanciado vino
Del largo cántaro de la noche
Sin pagar un centavo
Por haber leído un poema
Y recibido tantísimos dólares
      Por publicar en una revista,
Si incluso seduje
      A quien fuera, cariñosamente,
Mi esposa
Con un poema tristemente erótico.
(Luego me confesó haberse masturbado
      Leyendo el poema
Y desde entonces nunca pude convencerla
      De que el roce de los cuerpos que agonizan
Es mejor que mi voz en el verso
      Y el verso en sus dedos).

He sido, en fin, lo que se dice un puto *best-seller*.
Antier
Me llamaron de la librería
Para que recogiera un cheque
          Por la cuantiosa suma de cinco dólares.
Se había vendido un libro.
— No está mal — pensé.
Lo habrá comprado mi ex
Que aún prefiere mi voz
                    En la palabra.

Hace poco
Recibí una oferta
De las que no pueden ser rechazadas:
Mi universidad me invitaba
          Cordialmente, a jubilarme
Con un bono de diez mil dólares.
Lo habrán hecho, sospecho
Para que siga viviendo de mi poesía.

La carta

Desde este lado de la vida
        Esta orilla de papel
Tiendo un puente de palabras
Entre el poema y tu cuerpo
Para escucharnos existir.

Desde este lado de la muerte
        Al borde del poema
Donde creces como un rizoma
        De inusitados sueños
Sospecho la inextricable
        Tristeza del mar.

Tu mirada

Vendrá la muerte y tendrá tus ojos.
Cesare Pavese

Tu mirada atraviesa la clara
      Mañana de un sábado en Madrid
Como una flecha de luz me atraviesa.
La mañana tiene tus ojos
      Que me miran
Como nunca nadie me ha querido.

Tu mirada me persigue
      Y tiene el brillo
        De las estrellas
Que tiritan la limitada eternidad
      Que da amar en silencio.

En 2042 cumplirás cuarenta y siete años.
      Yo, ya estaré muerto.
Tu mirada postrera
      Atraviesa mi muerte.

Duración de lo efímero

¡Qué poco
         Dura la palabra!
Su intención
Resaca triste de la imagen.

Afuera sopla una ventisca
Son las 6 de la tarde
Casi noche
De un viernes.

¡Qué poco
         Dura la sonrisa!
De pronto
Mueca
Vertiginosa despedida.

Afuera sopla el *chinuk*
         —El que derrite la nieve—
Son las 6 de la tarde

Casi noche
La palabra alza el vuelo
En su imagen.

¡Qué poco dura la esperanza!
La resaca de todo lo vivido, Vallejo,
        Se desvanece
Como la mirada de amor que ya no está.

        Querer asir la imagen
Eternizarla. Las palabras
Y el miedo de la imagen que huye.

¡Qué poco dura
        La mirada que me mira
Y se vuelve y renuncia
        A la sonrisa
Y me deja habitando tu luminosa
        Cicatriz!

¡Todo gira vertiginosa
        Vanamente gira
En un abrir y cerrar de ojos!

¡Qué poco dura la vida!
        Y no poder decir te tengo
Cuando te tengo
Y no poder decir Te amo
        Cuando ya no me amas
Porque no dura el instante
No dura lo suficiente
Todo lo devora el silencio
        De la noche cercana
Indefectiblemente
        Centrípeta.

¡Qué poco dura
          El amor!
Horadado el tiempo
          Que nos contempla
Como lo que fuimos
En la remota
          Cotidiana primavera
De caracoles adolescentes.

¡Qué poco dura la noche!
          Que leva el ancla
Y zarpa sinmigo
          Sin rumbo a la deriva
Porque las horas son cicatrices
          Y afuera sopla una ventisca
Son las 6 de la tarde
Casi noche
De un viernes
Sin miedo ni esperanza
Como quien taladra las pupilas
          En las cosas
Y puede verlas
Desde adentro
Casi con miedo
          Pero sin esperanza.

PALEOGRAFÍA DE UNA CARTA DE AMOR

A Anthony Stevens

Amigo Stevens, perito
          En garabatos barrocos
Y galimatías dieciochescos
          En jeroglifos del sentido
Y garrapaticas coloniales
Escritas como en *gothica bastarda*
          De tinta indeleble
Por favor, ayúdame a entender la carta-poema
          D´este amoroso
 Fantasma que deambula por las calles
Coloniales de Santo Domingo.

Esta es la historia:
Hay una mujer
          Multiorgásmica
Que con sólo posar contra la noche colonial
Escribe poemas crípticos

Y se sabe deseada
        En la imagen sin deseo
De un espejo sin amor
Que la espía desde el fondo de sí misma.

Ayúdame, paleógrafo
        Amigo Stevens,
A descifrar la noche y su mujer
        Su mirada en la escritura
Su intención en la mirada
Su sonrisa en la intención
Y en la carta-poema
Entregada de prisa y a escondidas
Como quien quiere evitar
Un alegato
            O una respuesta
Como quien no quiere saber
Que entre el deseo y la palabra
Hay una noche que es mujer
        Y posa y huye
En la fusión de arcos de la "m" y la "o"
        Cuando quizá sólo quiso decir "amor".
En vez de esa amalgama de letras y sentimientos
¿No habría sido mejor enviarme un mensaje
Por *WhatsApp?*
        ¡Que para eso vivimos en el siglo XXI,
Al menos yo!

La mujer de otro siglo
        Que posa frente a la noche
Y me espía
        Cuando escribe "orgasmos" con la "s" alta
Y la "g" con descendente abierto
        Similar a la forma carolina
¿Se habrá referido a los orgasmos culpables
        Contra la barandilla de esa otra alta escalera

Que alcanza la "s"" en mi boca?
(Eso es lo malo de acostarse con fantasmas
Que amanece uno embarrado de nostalgias).

Perdona, entrañable amigo Stevens
Historiador, paleógrafo
        Que te moleste con estas minucias
Cuando sólo estoy borracho y confuso
        Con la carta-poema
De este fantasma colonial
        Que me escribe crípticas
Cartas de amor
        En la noche de Santo Domingo.

Como todo terraplanista
        Creo que al borde de tu cuerpo
Hay un abismo
        Al que tengo miedo asomarme
Al borde de tu boca
        Hay sólo arrepentimiento
Al borde de tu seno
        Se derrumban los sueños
Al borde de tu pubis
        Me espera un precipicio
de soledad y hastío
—Un océano de muerte—
Al borde de tu cuerpo me espera
        Un despeñadero de horas vacías
Como después de escuchar una cantata de Bach
Y no saber qué hacer.

HOUDINI DE AMOR

Houdini de amor,
¿De qué noche lograste escapar
Cuando te sabía encerrada
En mi corazón
Con tres cadenas y siete candados
Si, luego, en el beso
          Quise beberme tu boca
Escapaste
Si de un cuarto del hotel en que te amé
Con doble cerradura, aldaba y pestillo
Escapaste
Y escapaste también al rocío
          Y al silencio sin mí
Como un puente que no une
          Ninguna orilla, escapaste
Hacia ningún lado
A la luz que muere
De la mitad que no conoces de mí
                    Escapaste!

Houdini de amor,
        ¡Oh Maya, deseo!
¿Cómo es posible
Amarte y no tenerte
Tenerte y que escapes
Como una guabina de amor
Que resbala a la noche?
¿Cómo es posible
Que en medio de tanta incertidumbre
Aún bella
            Escapes
A la luna de septiembre rn que amo tu seno
Y que también escapes
De la noche
        A mi llanto en el acuario
        En que encabalgan los versos de mar
Encadenados a la imagen del deseo?

Houdini de amor,
¿Si escaparas del dolor
A una niebla de olvido
Si escaparas a mis ojos?
—Mi gran error fue buscarte en las palabras
        donde te perdí—
Atada a los grilletes del olvido
        Aherrojada a la vida.

Houdini de amor
        Lanzándote esposada
Desde mi cuerpo al vacío
        Encadenada a mi mirada
¿Cómo fue que escapaste si aun estás en mí
Y en el rostro que vuelve y se resiste
Al delirio o al verso inasible
Como una Houdini de amor?

En un universo paralelo
        Hay jóvenes con Alzheimer
Y viejos de prodigiosa memoria
Hay pañuelos que lloran
Aeropuertos que esperan
        En relojes impacientes
Hay sueños
        Que se sueñan en otros sueños
Guitarras que lloran
        Y una sed que se bebe tu boca.

En un universo paralelo
Hay sílabas que cabalgan el verso
Y un Dios que nos sueña
En una pesadilla
        De la que no puede despertar
Hay jóvenes que no saben amar
        Y viejos pletóricos de vida
Hay un poeta

—Ese soy yo—
Que incesante reescribe
Universos paralelos
Para poder encontrarte.

En la noche anterior

En la noche
                De los que duermen solos
Se abre una herida
Anterior a la puñalada
En la noche
De los que duermen solos
Se extravía un grano de arena
                                En el reloj
De la lejana presencia
                Se extravía un grito sordo
                De animal herido
En la niebla
        Del bosque
Se extravía
La muerte
Absurda bajo el párpado.

DOLOR DE CAMISA

¡Cómo me duele
El esternón que llevo por corbata!
¡Cómo me duele la camisa
Y este aire enrarecido de azucenas
Que no me da tregua
Me duele!

Me duelen las sandalias
El reloj
Los anteojos
La mirada.

En mi casa tengo
Un armario repleto
De camisas heridas
Y noches
De cosas que destiñen en la soledad.

Me duele

La casa que no existe
Y me vio crecer
Y aquella voz que se esparcía en el viento de cuaresma.
Me duelen
las manos de la mujer que tantas veces me salvara.
—Hablo de mi madre, por supuesto—.

Me duele mi tanta vida ausente
Y apenas si la morfina puede calmar el desatino
                              La esperanza
Que huye
En la insoportable ropa.

Me duele en fin
El cigarrillo que tose
Y el vino ardiente
            Que se bebe mi garganta.

SUICIDIO

La gente tiene la mala costumbre
        De suicidarse estando aún vivos.
Nos suicidamos en la orilla de la vida
        Cuando está a punto de subir la marea
Mucho antes de morir
Como llagas sin lázaros
        Como lágrimas sin madres
Antes de alcanzar el celaje que no llegamos a ver.

¿No sería mucho más fácil
        Suicidarse
Definitiva y rotundamente una vez ya muertos
Sin las complicaciones
De familiares, amigos y lágrimas
Que nunca entenderán
        El cadáver esférico
Que se eleva en la alta noche azul de Santo Domingo?

Pero insisten —digo, al menos algunos—

En suicidarse vivos
Nos convertimos en el hazmerreír
        De los demonios que celebran nuestra llegada
En el bosque de los suicidas.

¿Por qué no me habrán preguntado antes?
Yo les habría dicho que no era necesario suicidarse
Porque ya estábamos muertos
Y que en casos como estos
Lo que había que hacer era suicidarse una vez muertos
Para volver a la vida.

Estoy tan contento
        Que creo que me siento culpable,
Como si estuviera en Elara,
Donde crece la dulce culpa amarga,
Donde Brissa Otxoa desova su belleza
        En los anillos anaranjados
Del séptimo cielo.

Me siento tan culpable,
Casi contento,
Y no sabría a qué atribuir
Tanta culpa,
Si a la clara y límpida mañana,
Al sol que me bebo con sed de luz,
A la brisa fresca
Del paseo bajo los árboles,
Como si no bastara con ser católico,
Como si fuera judío, culpable de nacimiento
O musulmán que ha comido cerdo

O luterano
Que cree que con sólo
Escuchar Bach
Será suficiente para alcanzar la redención
(la música puede ser una salvación).

¿Puede sentirse un hombre
        Culpable de su felicidad?
¿De dónde me viene esta culpa
        Que raya en la felicidad?
¿Quién habrá de enrostrarme
        La felicidad
Como si fuera una culpa?
¿Quién habrá de golpear mi mejilla
        Con la mano abierta
Si mi única falta ha sido de ortografía, Antonin,
Y uno que otro verso fácil,
Y ser culpable
De haberte amado más que a la luz
Y haberme quedado dormido con tus ojos puestos
Para soñar que me amabas,
Culpable de ser feliz
Contemplando la luz muy fina de la tarde
—ya lo he dicho—
Que se cuela entre las nubes
Como en un dibujo del Gran Poder de Dios
Y del silencio que oculta
        En la metáfora
Tanta rota humanidad.

¿Por qué habría de sentirme culpable
Si no he robado, o dado muerte en mis manos
        A humano o animal
Ni torturado en el potro apostólico al impío
Ni buscado el secreto del soldado en el submarino
Ni deseado a la mujer del prójimo

O estuprado a una doncella?

¿Y si escapara de mi culpa
        Y me fuera a vivir lejos de todo y de todos
Donde nadie me busque ni recuerde
Y olvidara todo lo vivido
        Hasta el más mínimo detalle
De mi culpable existencia?

Pero algo habré hecho
        En la vigilia o el sueño
De lo que este cansado
        Loco corazón me acusa en vano.

Debería de denunciarme a mí mismo
        Entregarme a las autoridades
Confesarme con el cura
O tenderme bocarriba en un diván
Para aburrir al sicoanalista hasta la muerte
Con fútiles historias de infancia.

Lo peor de todo,
        Sin embargo,
                Es que ni siquiera sé de qué soy culpable.

Mis manos verdaderas

> *Sólo las manos verdaderas*
> *Pueden escribir poemas verdaderos.*
>
> Paul Celan

Quisiera cantar con mis manos
El aroma del *couscous* y la menta en tu pelo
Sin necesidad de amarte o escucharte
     Para pensar en ti
Porque eres la música
Que se esfumina en los azorados ojos de ónix
     Del niño que no tuvimos
Y extraño.

(Nunca se debe confiar en una mujer
Que coma guayabas hasta el delirio
Porque se la pasa refunfuñando en sueños
Y termina escapando con la llegada de los dioses).

Aun así, canto

La pávida esperanza
De que un día
Yo
(Qué raro suena hablar de un yo que no existe,
Salvo en la noche, en tu pupila y en el poema)
Me beba un sol negro
          Como el de los inviernos en Pensilvania
Donde llegué a familiarizarme con la muerte.

En otro poema,
          En otra vida, tal vez,
Habré escrito:
"Tu mano en mi hombro/mi mano verdadera
En tu cintura/alfabeto de innombrables osadías".

Si el amor es confusión de manos,
Mis manos
          Y las tuyas
Confundieron nuestros cuerpos.
¿Regresará tu cuerpo a mis manos
          Porque son verdaderas?

Pero no voy a cantar
          Dónde estuvieron tus manos
Y las mías,
Sino la verdad de mis manos
Escribiendo el poema
Hecho de otras manos asesinas:
                    En tu cuerpo.

Decía Anaxágoras
          Que el hombre piensa porque tiene manos.
Y yo digo:
El hombre ama porque tiene manos.
¿Qué harían mis manos sin la recién bañada
Alegría de tu piel?

¿Cómo pensarían mis manos
        Tu cintura al caminar
Y al besarnos?

Dime, amor mío, ¿crees
        Que habrá la esperanza
De que mis manos sean
        Verdaderas donde se escribe el poema
Y no pueda sino
Ser una víctima más
De mi propia prestidigitación?
Sin esperanza
        Ni miedo
—como Merisi, que se esculca la herida
        Para saber de qué está hecho el placer—
Mis manos vacías
        Alguna vez verdaderas
Leyeron tu cuerpo.

¿Serán mis manos verdaderas
        Porque tú eres verdadera
Y el poema también verdadero?

BIOPOEMA

Dividamos el aire
      Tu aire, el mío
El agua y la música
      Que sedienta mana
Cristalina en el arroyo, mía
Y tuyo
      El ruido de la malaria
En la cañada.

Confisquemos
El pan y los peces
Partamos en dos
      La mar océana
Como lo hiciera Moisés
Tu mar y el mío.

Prohibamos los libros
      Y quemémoslos
A 451 Grados Fahrenheit

Hasta que no quede una sola palabra tuya.

(Cuenta la leyenda que en el siglo XVII/el Sultán Murad
IV/vestido de paisano/por las calles de Constantinopla/
decapitaba de un certero golpe de espada/a todo aquel
que encontrara bebiendo café. ¡Seamos el Sultán! ¡Deca-
pitemos a todo aquel que escuche bachata o lea a Marx y
a todo aquel que fume o beba o simplemente se masturbe
o se atreva a publicar un poema! Y empedremos con sus
cráneos el camino de Damasco)

Retengamos del salvaje en las aduanas
        La guayaba y el poema
 Del poema sus rosados
        Suculentos versos
Requisemos del negro y el indígena
        Sus lenguas
Llenas de tildes e improperios
Para que no vengan a contaminar
        Con sus grajosas metáforas
Y su pungente sofrito
        Nuestra moral y buenas costumbres.

Quédate tú con la bachata bachatera
        Y el dembow dembowsero
Que mi Rachmaninoff
        Y sus bosques de abedules en invierno
George Gershwin tristeando su Rapsodia
En París
 Me pertenecen.

Atragántate tu mangú y tu sambumbio
De arroz frijoles plátanos maduros
Carne y huevos fritos
        Que aquí comemos *wafles quiche*
Pâté foie gras ham and cheese y *corn flakes.*

Destruyamos nuestros bosques
        Y usemos el tuyo
Sequemos tus ríos
        Para poder
Bebernos el oro
Sequemos tus pozos de petróleo
        Y almacenemos el nuestro
Convirtamos nuestra mar océana
        En desiertos de plástico
Y vayamos a disfrutar tus playas de arenas
        Blancas en el Caribe.

Que cada pez se coma su plancton
        Y mi lágrima no sea la tuya
Y quede allá tu corazón campechano
Latiendo al ritmo de la amapola
Que en nuestra torre de marfil no llegará el ántrax
        Ni el moho azul
Ni la fiebre porcina
        O la conjuntivitis.
Este es el regalo de nuestra democracia.

PÁNICO

1

¿No escuchan ustedes
                Un ruido sordo
Como de enjambre
De avalancha o río crecido
Atravesando montañas y valles
Devorándolo todo a su paso,
Arrancando de cuajo las dilatadas
                Sombras de la noche
En calles, avenidas y plazas,
Cuando en marzo
                Aún sopla la brisa marina?

¿No escuchan ustedes
                El estropicio de maletas abandonadas,
Paquetes perdidos,
Catástrofes de besos extraviados,
Caricias equivocadas,

Deseos desencontrados
En puertos y aeropuertos?

2

¿No escuchan ustedes
                    El silencio
Del amante onanista
                    Enclaustrado
En la pantalla de su computadora
Como en un monasterio sin fe
Entre cuatro paredes que lo definen
Y se van cerrando
En el espejo sin ruido
                    De tres o cuatro versos inútiles?

(A 4,100 leguas
De tu boca
            De tus manos
Sin poder olerte
                Ni tocarte
Frente a tu rostro azul
En esta pantalla
Donde conspiran
El tiempo roto
La espera
La nada
Y esta desesperanzada esperanza
Que todo lo trastoca).

3

¿No escuchan ustedes
                El tiempo en la clepsidra,
Tiempo que acaso no tengo,
                Sin más lugar donde vivir

137

Que en el estruendo de la ponzoña,
Tiempo que acaso no tengo
     Sin más lugar donde llorar
Las lágrimas que me han visto partir!

¿No escuchan ustedes
     El tiempo de desamparo
Que sólo les pertenece a los que vivimos
Ensordecidos por el vasto delirio de los días
Sin presente
   Ni futuro,
Sólo pasado,
Pasado sin contrición,
Esperanza sin presente
Presente sin amor?

4

¿No escuchan ustedes
     Las amplias corolas del crepúsculo
En las calles de las desangradas sombras de la muerte
Las bocas sin aire
Abiertas al crepitar del fuego
     En este frío infierno
De aleteos
Y estropicio de voces
En las tinieblas?

¿No escuchan ustedes
    Un silencio perfumado
De sonrisas
Un silencio
   Sin esperanzas
De aguaceros tristes en la madrugada
Un silencio de olas
   Rompiendo

Contra un acantilado del sueño?

¿No escuchan ustedes
                    El rumor que viene a llevarme
A esa patria sin árboles ni bosques,
Sin libros ni versos,
Sin plazas ni café,
Sin familiares ni amigos,
Sin sellos ni monedas,
Sin esperanza ni olvido,
(sin ti, Liz, sin tu boca),
Sin nada de lo que tanto amé,
Sin todo lo que odié,
Porque este
Será un viaje que debo hacer solo
A la verdadera patria de sombras
A la ciudadanía indocumentada?

VASTO POEMA SIN ESPERANZA

IRENE

Irene es tantas,
Poliédrico
          Diamante de sueños
De los que emerge como otra
Como si fuera a morir
En cada orgasmo
Lejana y distinta
En Santorini
A los treinta años
La muchacha madura de sonrisa tierna
De perfil contra un crepúsculo color naranja
En Santo Domingo
A los dieciocho años
Curiosa como una gacela
Frente al mar, sin dudas,
Mirándome con sus ojos de ónix
—Porque son de ónix o azabache sus ojitos,
          No estoy seguro—
Como si el mar le hubiera robado los sueños.

Apenas humana
         Más ángel de amor que mujer
Irene habita la noche
Bajo el párpado insomne
Del vuelo en que la deseo.
Mitad día, mitad noche
Irene es la daga y su herida
Y letárgica, agónica
Lejana y aún mía
Caleidoscopio
De días robados a los espejos color rubí
         Del Côtes du Rhône
Al poema malo, pero muy sentido,
Como éste que escribo
Cuando la extraño
.

Toda pasión es oscura
                    En la imposibilidad
Del perfumado jardín
Necesario
En el extravío de los espejos
En la mirada
De la inveterada sonrisa
Y en la sístole
                    De ese otro corazón tuyo.

Toda pasión es monstruosa
                    En la sospecha
De tu carne trémula en mi carne
De tu sangre fluvial en mi sangre
En la complicidad
          De algo muy dulce y antiguo
Que quedó rezagado en las miradas
          Donde ya no hacen falta palabras.
Toda pasión es turbia

                    Y culpable
En la piedra
            Sensible que llora su rabia
De ser piedra
        Como si lloráramos la culpa
De ser nosotros mismos.

Toda pasión es incesante
Pero que nadie sepa
Que tu cuerpo me aleja la muerte
Y que vivo feliz
                A mi manera
En la trizada luz
Rota de un vitral al amanecer
        Donde me esperas sin tiempo ni promesas.

Toda pasión es arrepentimiento
                            Y culpa, quizás
Carne, fuego
            Delirio
En el vasto poema sin esperanza.

Otro poema sin esperanza

No soy yo
El que te ama
No soy yo el que te extraña
No soy yo el que te busca.

Yo simplemente
Me dejo existir
Y camino por las calles vacías
Voy a bares
Y bebo y olvido.

El que te piensa es otro
Constantemente amarillo
En las hojas muertas
De otoño
Y me persigue
— sospecho —
Y Habla con los animales
Y conmueve las piedras con su canto.
Yo

Soy feliz a mi manera
Sabiendo que es otro
El que te ama
Y sufre
Tu ausencia y desatino
Tu inveterada boca
Tu pubis sin ilusiones
Y ese gesto en tu mirada
Cuando dices que me amas
Cuando verdaderamente me amas.

Y es otro
El que escribe
Vastos poemas sin esperanza
En los que un día
Volverán a encontrarse
Convertidos en fantasmas del deseo.

No soy yo
El de los cuentos de hadas
De princesas y enanos
Ni sapos transfigurados
En príncipes con tu beso.
Yo sólo escribo este poema sin esperanza.
El otro sueña con volver a tu noche y al beso
Necesario.

Yo
Soy el otro que te ama.

Daño colateral

Dañada
        Sin remedio
Más allá de cualquier redención
        Como una muñeca rota
Desmembrada
Con tus siete hileras de pelo de nylon
        En el cráneo de plástico
Arrojada al basurero de un callejón
                        Oscuro
Amarilla
        Estropeada
Te amé
Porque yo también estoy roto
        Con las cuerdas del corazón
Desvencijadas
Te amé
Dos veces al día a la misma hora
Durante toda la vida.

MANGLAR EN LA NIEVE

Dichoso aquel que tiene una patria

> *Wohl dem, der keine Heimat hat;*
> *er sieht sie noch im Traum.*
>
> *Bienaventurado aquel que no tiene patria;*
> *la ve hasta en sus sueños.*
>
> Hannah Arendt, *Denktagebuch*

Dichoso aquel que tiene
      Una patria con cuatro cordilleras
Deforestadas
Y treinta mil ríos y arroyos
      Envenenados por el cianuro
Del oro depositado en Suiza.
Dichoso aquel que tiene
      Una patria llena de bancos
Donde se tiende a secar
      El dinero lavado
Bajo la estricta supervisión de cancerberos
      De sonrisa gerencial.
Dichoso aquel que tiene

Una patria
Donde un ladrón
        Es condecorado
Con la Orden de Duarte Sánchez Mella
        Y un delincuente recibe
Las Honras Fúnebres
Bajo el palio
De un *Te Deum*
En la catedral;
Y donde los historiadores
        Son alabarderos a sueldo fijo;
Los sociólogos, saltimbanquis del poder,
Y los poetas, mercachifles de la política.
(Los senadores y diputados apenas
Aprendieron a escribir con crayola
        La *d* de "dinero")
Hay expertos, peritos
        Graduados de la *Université* de la Saona
Y todo lo saben
        Y sobre todo opinan
Por radio, televisión o Internet.
Hay *instagramers,*
        Youtubers,
                E *influencers* expertos en naderías
Y hay también monseñores
Escoltados por chapiadoras eclesiásticas
        Y franqueados por perros dóberman
Hasta las puertas del cielo.
Dichoso aquel que tiene
Una patria
Y un paraíso fiscal
Con cuatro cuentas bancarias
        Como cuatro cordilleras
Una villa en Casa de Campo
Y una piscina llena de *Moët Chandon*
Un apartamento en la Torre de Babel

Un yate de lujo en Miami
        Con cuatro hetairas insomnes
Y cuatro kilos de cocaína,
        Como cuatro cordilleras.
(Dos veces vinieron los Conquistadores españoles
        A fundarme la patria:
Una fue devorada por las hormigas
Y la otra flota a la deriva
Como un grande podrido animal
En un mar de plástico).

Desterrado en mi propia patria,
        Despatriado en mi propia tierra,
Lejos, muy lejos
        De la patria del odio y la mezquindad,
De la patria del crimen y la corrupción,
Me ha nacido aquí en el pecho otra patria
        Que siempre regresa en los sueños.
Mi única patria: la infancia.
El caballito de madera moteado
Que gira gira y gira
En el tiovivo de Monclús en La Vega;
Las manos de mi madre tratando de salvarme;
El melodioso español cibaeño
Tres o cuatro rostros queridos, no más;
Una calle de faroles amarillentos
        Arrebolados de mariposas;
La lluvia en el techo de zinc
        Y tu voz, Zamilda,
Desde el fondo de la inmensa noche azul
        En que me amaste.

El impostor

Soy tu impostor;
Imito tus gestos;
    Repito tus palabras;
Como un ventrílocuo impostando tu voz
En la mía
Y termino siendo yo mismo
En la mímica de frases
      Prefabricadas.
Soy tu impostor
    Y regalo sonrisas
A diestra y siniestra
    Al fantoche
Que en la conferencia
Me celebra
    Ocultando su desprecio.
Soy tu impostor
Y salgo a las calles
    Con títulos y honores
Canto o bailo en bares VIP

Busco la adulación y el ditirambo
Y te dejo
Abandonado en los rincones
        Oscuros de la casa
Escribiendo versos mustios
        O preparando algo de cenar
—Aunque todo el mundo sabe que cocino
Mejor que tú—
Con el fantasma de tu madre
        Rondando la cocina.
Soy tu impostor
        Y beso la boca
Que no puedes besar
Acaricio el nacimiento
        De su pelo en la nuca
—Su piel, confieso, es la del durazno maduro—.
Soy, entre otras cosas, tu arrepentimiento
Y tus lágrimas, también.
Soy tu impostor
        Y asisto a las fiestas a las que no fuiste invitado
Donde no conoces a nadie y te sientes incómodo
Mientras te contemplas el ruedo del pantalón.
Soy tu impostor
        Y respondo desenfadadamente
O discurro en naderías
Cuando te acribillan a preguntas
Citando a Lacan, Derrida y otras hierbas
Epistemológicas
En los congresos a los que debiste asistir
        Y no fuiste
Por miedo o cobardía.
Soy tu impostor
Y viajo en tu lugar
Visito ciudades
En las que eres invisible.
Soy la arista del triángulo

Que se acuesta con tu mujer
El calco del beso
            En la primavera
De Zürich.

Soy tu impostor,
Y cuando muera,
                Quedará la tristeza en tu boca
Tu lágrima ahogada
Porque, a mi manera,
Mi felicidad
Es el rincón amargo de tu conmiseración.

Yo
Soy mi propio impostor
Sin redención posible
            Porque te he robado la oportunidad
De ser feliz.

Animal de mí mismo

Yo soy el animal de tristeza
      Que descubro en los ojos
Que me ven mirarte.

Yo soy el lejano animal íntimo
      Que agoniza en las noches.

Yo soy el animal asomado al abismo
      De mi propia desilusión.

PoEMA DADAÍSTA. FERNando VALerio-HOLguín

POR FAVOR, VOMITE AQUÍ SU POEMA. SU MEJOR POEMA. ESCRITO CON SACO Y CORBATA Y CASPA EN LAS SOLAPAS. CON AIRE DE GRANDEZA Y GRAN SO-LEMNIDAD. EN UNA BOLSA DE Air Europe. El aire de Europa. *Air sickness.* Cuando no es del aire la enfermedad; no es del aire la desesperanza o la pena. *Feel better. Use bag in the event of motion sickness. Delta. When it is not the motion, but perhaps the emotion or the emotion in motion.* Vomite aquí su Pena, deshágase de las metáforas indigestas, de las imágenes manidas,

del verso saturado de sílabas inútiles. *Peel off label and fold down twice to adhere security to bag. Puke your poetry or your poltry here.* Con un doble cierre de la bolsa, asegúrese de olvidar la amarga, biliosa porfía de la noche anterior, el cacareo de las gallinas y el último beso como al descuido en la mejilla de despedida. *American Airlines. It is acceptable.*

160

Es aceptable desechar las palabras, pero sólo las más hirientes de quien dijo amarte y no te ama, es aceptable, regurgitar esa tristeza brumosa y grumosa de los días en que vivir se ha convertido en una mansa costumbre. *United Airlines. Keep calm and breathe.* Colóquese los audifónos, **PER FAVORE,** *SIAMO ARRIVATI ALLE Stabat Mater de Pergolesi,* cerrANDO los ojos, pensANDO en el prado en que pastan los recuerdos amenos. Otra pudo ser la vida que me escogió, OTRA, LA VIDA QUE ME AMA.

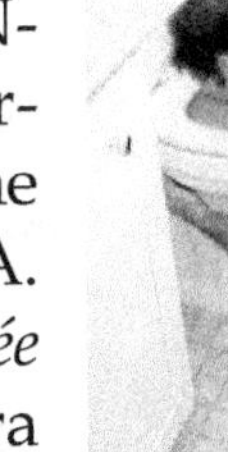

L'air de la Suisse enneigée et pure. Dadá me espera con su vaca y su poema en Zürich, a treinta y cinco mil pies de altura, y a quinientos kilómetros por hora. NO te hagas el suizo. Nota: Recuérdame sufrir el DESARRAIGO Y *TRÈS LOIN, mon enfance,* como un árbol sembrado en el cielo. *C'est la vie, la maladie de la civilisation.* O la civilización de la enfermedad. *Das Unbehagen in der Kultur.* O la cultura del malestar. *Keep calm* y vomite aquí el malestar del desamor, la enfermedad de la cultura.

¿Quién soy cuando canto y no canto
En mi español cibaeño,
Entre gente que no me conoce
Ni me quiere?

Hombre-palíndromo

Soy
Un hombre-palíndromo:
Puedo ser leído al derecho
          Y al revés;
Del pasado al presente,
Del presente al pasado,
De pies a cabeza y viceversa.
Soy
La mitad que conoces de mí
Más la mitad imaginada,
O la mitad que falta,
O la que crees que conoces
          Y sabes que desconoces,
Siempre igual
De cabo a rabo,
Desde adentro hacia afuera,
          Como el forro de un guante,
Como una rabia de luz .
Soy

Como el frío invierno en la copa de vino,
Opaco y transparente.
Soy quien no soy aunque sea
        El mismo y distinto
Mar y cielo
Palíndromo sexual,
                Hermafrodita,
Femeninamente masculino,
Masculinamente femenino
—mi nombre, Darad, hijo de Zeus—
Absurda repetición inversa
Para terminar siendo el mismo
En los versos de una derrota;
Mi ano es mi boca,
Y mi boca, mi ano;
Mi afuera está adentro,
Y mi adentro, afuera;
Uso mi esternón como corbata
Matrioshka
            Cebolla
Me duplico, multiplico y reduzco,
Siempre igual
En el ser
        Que se ahoga en mí.

HUMANERÍAS

Cansado de tanta humanería
     De tanta humana nadería
Habré de decir o ya lo he dicho
     Que poco puedo hacer
En el séptimo piso de cirros deshilachados
Donde la gardenia desflora la noche
Tras quitarme el barro de nubes del zapato
     E impostar una queja
Casi animal de barítono-bajo
En el preciso instante en que el gato
     Barcino transita entre mi alma y el vino
Y me toca salvarme a nado
       A grandes brazadas
En el sargazo triste de tu mirada serena,
     María del Mar,
Salvarme de mí mismo
Y no ser humano ni nada
     Sino algo que flota
Entre el deseo y la sospecha

Mientras gorjea el café en la greca
        Y me invade un presentimiento de felicidad
Simple costumbre
Que tienen los humanos
De imaginar humanerías
De animal que se sabe mortal
Y está cansado
Y maúlla
Y se lame una pata.

Vicario

Yo sufro
      Por los que no sufren
Y respiro
      El aire de los que, intoxicados,
No pueden respirar
Como si el sufrimiento no existiera.

Yo no sufro este dolor como Vallejo
Ni como Fernando o Cristo:
Simplemente sufro
      En lugar de los que no sufren.

Yo amo
      Por los que no pueden amar,
Narcisistas de poca fe
Que jamás podrán amar
      Como los amó una madre
O un espejo.
Yo, sin embargo, amo de a de veras,

Y tanto amo
Que amo todo lo visible e invisible
E incluso los caminos
		Que camino
Por aquellos que no han querido
		O acaso podido recorrer los caminos
Que recorro por ellos.

Yo bebo
Por todos aquellos que no han bebido,
		Me bebo el vino negro de la noche
Y en el vino,
		La noche que ama y sufre,
Y escribo
Por todos los no pueden escribir
		Y lloran porque no son amados
Y también lloro por ellos,
Porque no saben dónde poner el dolor,
		Si en las palabras o en las lágrimas
O en el grito desgarrado de animal moribundo,
Y entonces escribo largos,
		Mustios poemas del tamaño de la noche,
Altos como el amor,
Profundos como la fosa
		Del dolor
Y anchos
Como la verdolaga del desamparo,
Y voy rimando vino, noche, dolor,
		Escurriéndome entre las sábanas
Con las sílabas enredadas entre las piernas
Y sufro, amo, bebo, escribo y olvido.

Yo olvido
		Por aquellos que no pueden olvidar
Y beben para olvidar y no pueden
		Olvidar las llagas perennes

En el costado,
Y beben y cuentan
Las sucesivas e idénticas historias
Al cantinero,
Al amigo,
Y a la mujer de espaldas en la cama.

Yo soy el cantinero, el amigo y la mujer
          Que olvida
Por los que no pueden olvidar.

Vicario del mundo,
          Yo vivo por aquellos que no saben vivir
Y acaso en vida están muertos,
Porque tal vez quisieron o no tuvieron el valor
Para enfrentarse a la vida y vivir,
          Amar, sufrir y olvidar.

Si no me llamara Fernando

Si me llamo fernando
        Es porque existo,
Pero, ¡qué extraño
            Llamarme fernando
Y que la *f* de féretro y la *e* de extranjero
Sean las mismas que arrastren
        Mi nombre
Por paisajes inhóspitos,
Y que la *a* abierta y clara se acobarde
            Frente a la *o* oscura
Lúgubre de fantasma herido!

No es justo que la *f* de fernando
Sea la misma que la de Federico
O la *f* de Francisco
Fabián, Fulvio o Fabrizio,
Que la misma *f* labiodental
Del gofio explosivo
De látigo fricativo negrero.

                    En las tardes del domingo,
Cuando llueve
              Y se me dislocan los metatarsos.
Si no me llamara fernando
                    Y me llamara Proto o Eleuterio,
(Santos Mártires nacidos el 11 de septiembre
En el Santoral Católico),
¿Tendría la misma
                    Mueca de derrota
En la sonrisa,
Tendría la misma obstinada manía de amar la vida
                    Compulsiva, desordenadamente?
Si no me llamara fernando,
¿Sería dominicano
              Católico
                    Afro-romano
Hispano-taíno
Judeo-cibaeño
              Greco-vegano?
Si no me llamara fernando
Y mi nombre fuera Juan, Nepomuceno o Gregorio,
Y tuviera el labio leporino
Y fuera empleado de la Casa Amarilla, por ejemplo,
En La Vega
Casado con una mujer amorosa
Con cinco hijos
Y me pasara las tardes
              Bebiendo *romo*
Con un grupo 'e *tíguere*.
En Frito Lindo, La Vega?
Si no fuera poeta,
              ¿Podría seguir llamándome fernando,
Fernando el hijo de doña Antonia
El Moreno de Arenoso;
Feinando, el desconfiado en la mirada,
El que nació de pie

En el hospital de pobres, La Humanitaria;
Fernando, al que le duelen los huesos
          Cuando escucha a Bach y sus ojos no encuentran
Donde poner tanta belleza;
Fernando, el que aún lee a Vallejo, a Celan y a Pessoa
Cuando hay tantos jóvenes
                    Poetas de versos esplendentes
E insulsos?

Si me llamara José, Anastasio o Jerónimo,
¿Sería el mismo filósofo de la sospecha
El del perfume de puta-de-noche
El de la sonrisa que no encaja en la mirada
Cuando sonríen tus pezones, mi Rosa gitana,
                    Bajo la luna insomne de octubre.

(Oh la Rosa gitana que duerme a mi lado
                    Su sueño apacible. ¡Y no podría tener
La felicidad otra forma
          Porque Liz es mi regalo
                    De cumpleaños
                              Y es también una ilusión
Mi manera de ser otro
                    Y persistir en la vida!)

Y si el nombrado fernando
          Registrado en el folio 28, destruido
En el libro original de la Oficialía del Estado Civil,
Fuera, acaso,
Menos triste
Y dijera a todo que sí
          Y saliera en las fotos abrazado con hampones
          Y fascistas internacionales
—En Santo Domingo, sin duda—
          Y promocionara su pobre verso
                    En las primeras planas del diario
O en lujosas antologías,

¿Seguiría siendo el mismo
                    De la cicatriz de tiempo
En la foto en blanco y negro?

¿Si me llamara valerio a secas
                Sin fernando,
Sin honores ni títulos,
Valerio sin consonantes,
        Sólo vocales:
A e i o
Grito de animal moribundo en su madriguera,
Sin la *u* fantasmal,
                Cuco de niños,
A e i o,
A secas,
Sólo vocales,
        En la desdentada boca
                De la muerte?

Si no me llamara fernando,
¿Habrían muerto
De cualquier manera, mi madre,
Mi padre,
Mi amigo?
¿Habría quedado
        Mi hermana, quien tanto me quiso,
Mi hermana, varada
En la demencia
        De un cielo alto y azul,
Mi hermana
        Viva y ausente,
Ausente y perdida
En el sosegado mar
        Donde no hay sargazos ni pájaros,
Sólo azul
        Y cielo,

Azul y mar?

Si no tuviera un nombre
              El cadáver pálido y ausente
                        De la madrugada
                                  En una calle de hastío
Un NNE
          Cadáver sin nombre
Cadáver mudo
Incapaz de nombrar las cosas
Que existen visibles
          Entre el cielo y la tierra.

Si no me llamara fernando,
¿Seguiría siendo
          Cisgénero
                    Carnívoro
                              Tránsfuga
Y disfórico?

Si no me llamara fernando,
¿Sería alemán
          Chino, francés, español
                              O polaco
Acaso mexicano
Y no incómodamente dominicano
          Como un manglar en la nieve?
¿Sería circunciso
          Tendría un tatuaje en la ingle
Y no esta cicatriz de carne, invisible
                    De la efe negrera en la frente
                    Perdida en el libro de registro
Como un natimuerto
              En La Vega, sin dudas,
¡Frente a una ventana sin mar
              Como un manglar en la nieve!

ÍNDICE

FERNANDO VALERIO-HOLGUÍN

FERNANDO VALERIO-HOLGUÍN es un escritor y profesor universita-
riuo dominicano nacido en La Vega, en 1956. Estudió literatura
en la Universidad Autónoma de Santo Domingo y se doctoró en
Tulane University, Nueva Orleans. Actualmente, es Profesor Ti-
tular de literatura y cultura latinoamericanas en Colorado State
University, donde fue galardonado con el premio John N. Stern
Distinguished Professor (2004).

Fernando Valerio-Holguín ha sido invitado a dictar conferencias
en el Smithsonian Institution y en las universidades de Oxford,
Varsovia y Amberes, y a leer poesía en Yberystyka y el Institu-
to de Estudios Americanos de la Universidad de Varsovia, en
el Rincón Americano de la Universidad de Lublin; en el Festi-
val Internacional de Poesía de Chicago y en la Asociación Bel-
go-Ibérico-Americana. Ha publicado numerosos ensayos sobre
literatura, cine, música, teoría y cultura popular en revistas de
Latinoamérica, Estados Unidos y Europa.

Fernando Velerio-Holguín ha recibido varias becas de investi-
gación entre las que se incluyen: British Academy, International
Development Studies, Fulbright Scholarship, U.S. Department of
Education y Mellon Foundation Grant. Su poesía ha sido tradu-
cida al inglés, francés y rumano.

Entre sus obras publicadas figuran: *Viajantes insomnes* (cuentos,
1983); *Poética de la frialdad: La narrativa de Virgilio Piñera* (ensayo,
1996); *Arqueología de las sombras: La narrativa de Marcio Veloz Maggiolo* (ensayo, 2000); *Memorias del último cielo* (novela, 2002); *Auto-
rretratos* (poesía, 2002); *Café Insomnia* (cuentos, 2002); *Banalidad
posmoderna* (crítica, 2006); *Presencia de Trujillo en la narrativa con-
temporánea* (crítica, 2006); *Los huéspedes del Paraíso* (novela, 2008);
Las eras del viento (poesía, 2006); *El bolero literario en Latinoamérica*

(crítica, 2008); *Rituales de la Bella Pagana* (poesía, 2009); *Elogio de las salamandras* (cuentos, 2010); *Retratos* (poesía, 2011); *Rapsodia de todo lo visible e invisible* (poemas, 2015), *Poemas al óleo* (2017) y *Silencio de amatistas* (poemas, 2018).

Esta primera edición de *Si no me llamara Fernando,*
de Fernando Valerio-Holguín, fue editada en Santo Domingo
al cuidado de G.C.Manuel, Editor,
en el mes de febrero de 2023.